Aloys Schulte

Die sogenannte Chronik des Heinrich von Rebdorf

Ein Beitrag zur Quellenkunde des XIV. Jahrhunderts

Aloys Schulte

Die sogenannte Chronik des Heinrich von Rebdorf
Ein Beitrag zur Quellenkunde des XIV. Jahrhunderts

ISBN/EAN: 9783743626218

Hergestellt in Europa, USA, Kanada, Australien, Japan

Cover: Foto ©ninafisch / pixelio.de

Manufactured and distributed by brebook publishing software (www.brebook.com)

Aloys Schulte

Die sogenannte Chronik des Heinrich von Rebdorf

DIE SOGENANNTE „CHRONIK

DES

HEINRICH VON REBDORF.

EIN BEITRAG ZUR QUELLENKUNDE
DES XIV. JAHRHUNDERTS.

DISSERTATION

ZUR ERLANGUNG DER PHILOSOPHISCHEN
DOCTORWÜRDE AN DER K. AKADEMIE
ZU MÜNSTER

VON

ALOYS SCHULTE

AUS MÜNSTER.

MÜNSTER.
DRUCK DER THEISSING'SCHEN BUCHHANDLUNG.

1879.

SEINEM OHEIM

Dr. WILHELM JUNKMANN

O. Ö. PROFESSOR DER GESCHICHTE
AN DER KGL. UNIVERSITÄT ZU BRESLAU

IN LIEBE GEWIDMET.

I.
Die Handschriften.

Die sogenannte Chronik des Heinrich von Rebdorf ist uns, soweit sich ersehen lässt, in fünf resp. sechs Handschriften erhalten, von denen jedoch nur eine — die Pariser — von 1294 bis zum Jahre 1362 reicht, während die vier anderen bei 1343 abbrechen; die sechste bietet einen dürftigen Auszug, umfasst aber ebenfalls die Zeit bis 1362; ausser diesen kommt vielleicht noch eine siebente in Betracht, welche dem ersten Druck in der Ausgabe von Freher zu Grunde liegt, jetzt aber verschollen ist. — In der Vorrede zur der Ausgabe des Heinrich von Rebdorf in den Böhmer'schen Fontes [1]) führt Huber von diesen an: 1. Die im Klosterneuburger Archive aufbewahrte Handschrift, Nro. 699., der ich die Bezeichnung B geben möchte. 2. eine zweite Klosterneuburger Nro. 697. Ba., 3. die in der Pariser Nationalbibliothek aufbewahrte Handschrift Nro 10770. (Suppl. lat. 201, 11.) C.

Zu diesen bisher bekannten kommen die in der Wiener Hofbibliothek befindlichen Codices: 4. Nro 3284†: A, 5. Nro 3408: Aa, 6. Nro 3284, welche den obenerwähnten Auszug enthält: D.

Eine genaue Beschreibung dieser Handschriften ist um so mehr am Platze, da dieselben keineswegs denselben Text bieten, vielmehr in wichtigen Punkten von einander abweichen. ²)

---

1) Band IV, p. LIX—LXI. — 2) In dankenswerthester Weise haben mich unterstützt durch Angaben über einzelne Hand-

1. Wiener Handschrift A. Die in der Wiener Hofbibliothek befindliche Handschrift Nro 3284⁺ (Rec. 3118) ³) ist ein schlecht geschriebener, kleiner Papiercodex in 4⁰, der im Jahre 1380 von Ulrich Silberchnoll, Mönch von Neuburg, im Karthäuserkloster Maurbach (Allerheiligenthal) bei Wien geschrieben ist. ⁴) Er enthält die flores temporum bis zur Wahl König Adolfs

---

schriften: die Herren Dr. O. Holder-Egger und Privatdocent Dr. J. Heller in Berlin, ständige Mitarbeiter an den Monumenta Germaniae, von denen Letzterer bei seinem Aufenthalte in Paris die Güte hatte, die dortige Handschrift zu untersuchen, Ersterer im Auftrage des jetzigen Leiters der „Monumenta Germaniae', Hrn. Geh.-Reg.-Rathes Dr. Georg Waitz in Berlin, mir die Pertz'sche Beschreibung derselben Handschrift zur Verfügung stellte, sowie sehr dankenswerthe Angaben über eine Wiener (A) hinzufügte; — Herr Dr. K. Koppmann in Barmbeck bei Hamburg, der einen vermuthlichen „Heinrich von Rebdorf' auf der Hamburger Stadtbibliothek untersuchte; — Herr Bibliothekar Prof. Severin Wenzlowsky in Kloster-Neuburg, dem ich eine Beschreibung der dortigen Handschrift Nro 697 (Ba) verdanke; — Herr diac. Schlecht in Eichstätt, der mir über Eichstätts Bibliotheken Kunde gab; — mein Bruder Heinrich Schulte, k. k. Oberlieutenant im 78. Inf.-Reg. in Karlstadt, damals Lehrer an der Kadettenschule in Wien, der für mich die beiden vollständigen Wiener Handschriften collationirte. Besonderen Dank schulde ich Herrn Martin Mayr, Accessisten am k. bayer. Reichsarchiv in München, der, wiewohl er eine Arbeit über denselben Gegenstand bereits in Angriff genommen hatte, dennoch in entgegenkommendster Weise mir seine für diesen Zweck angefertigten Urkunden-Regesten aus dem Münchener Reichsarchive zur Verfügung stellte. Schliesslich aber darf ich meinen hochverehrten Lehrer, Herrn Prof. Dr. Theodor Lindner in Münster nicht vergessen, der mir bei Vorbereitung dieser Arbeit stets mit Rath u. That zur Seite ging. — 3) Vgl. die Wattenbach'sche Beschreibung derselben in Pertz Archiv X, 540 f. Der neue Katalog hat alle 3 Wiener Handschriften noch nicht als Heinrich von Rebdorf erkannt. Die gelieferten Beschreibungen sind für unsere Zwecke werthlos. Vgl. Tabulae codd. mss. biblioth. Palat. Vindob. — 4) Ein anderes Zeugniss der engen Verbindung des Augustinerchorherrnstiftes Kloster-Neuburg mit dem benachbarten Karthäuserkloster Maurbach ist die im Jahre 1392

(— est electus). Dann folgt ohne Zwischenraum oder eine andere Ueberschrift, als ‚de temporibus modernis' die Chronik des Heinrich von Rebdorf, welche jedoch mit dem Jahre 1343 schliesst. [5]) Die flores temporum haben in dieser Handschrift Zusätze, die nur in den Handschriften sich finden, welche zugleich den Heinrich von Rebdorf enthalten; diese Zusätze rühren nach der Ansicht Holder-Egger's von Heinrich von Rebdorf her, der sie entnommen habe: 1. dem Hermann von Altach, (so zum Jahre 1251 über den Mordanfall auf König Konrad in Regensburg, zu 1255 über die Theilung von Bayern, wo aber der Interpolator aus eigener Kenntniss mehrere Orte hinzugefügt habe, zu 1257 über Ottokars Einfall in Bayern). 2. den Dekretalen (z. B. zu Martin IV nach voluerint malignari: Hoc tamen privilegium postea revocatum fuit et modificata predicatorum fratrum potestas per Bonifacium papam VIII, cujus constitucio hodie habetur in Clement. de sepulc. c. Dudum.) [6]) 3. einem novum passionale, das Holder-Egger in der Aurea legenda des Jacobus a Voragine findet.

Was den Text des zweiten Theiles der Handschrift, also des ‚Heinrich von Rebdorf' anbetrifft, so stimmt dieser im Grossen und Ganzen mit der Böhmer-Huber'schen Aus-

---

abgeschlossene Gebetsverbrüderung. Vgl. die Urkunde in Leopold Brenner's: Hist. Carthusiae Maurbac. bei Pez: Scriptores rer. Aust. II, 358. 359. — 5) Er umfasst also den Text: ‚Post premissa igitur cupiens — — in quodam nido tunc sine pennis geniti', worauf noch die Worte folgen: e vicino. Vgl. Böhmer Fontes IV, 507 u. 523, und Gewold Annales Hainrici monachi in Rebdorff p. 1 u. 35. Im folgenden ist stets für Heinr. v. Rebdorf citirt die Ausgabe in Böhmer Fontes IV, 507—568 (durch B. bezeichnet); hie und da mussten jedoch auch die Ausgaben von Gewold und Freher herangezogen werden (s. unter II. Ausgaben). — 6) Vgl. Holder-Egger M. G. SS. XXIV, 228, 229. und dazu die zahlreichen Citate aus den Dekretalen bei H. von Rebdorf; zu dieser Stelle B. 551. ad annum 1300.

gabe überein, welcher B (— 1342) zu Grunde liegt. An einer Stelle hat die Wiener einen Zusatz, der dort fehlt; es ist das nach den Worten: defendere contra personam quamcunque. ‚Simile notatur in clemm. de jur. jur. etc.'[7]) Andererseits fehlen in unserer Handschrift manche Sätze, die nachher einer Betrachtung unterzogen werden sollen. Die ersten Blätter beginnen jedes wichtige Ereigniss mit einer rothen Initiale, auch sind hie und da am Rande Titel hinzugefügt. Obwohl die Handschrift corrigirt ist (aber von anderer Hand, als der Silberchnolls), so sind doch mehrere Fehler stehen geblieben; andererseits bietet sie gute Verbesserungen zu B., welche die Böhmer'schen Vermuthungen bestätigen. [8]) Am Schlusse der Handschrift stehen die Worte: ‚Ab inc. D. a. 1380 completa est hec cronica in valle Omnium Sanctorum per manus Ulrici monachi de Neuwurga cognomine Silberchnoll in die SS. Processi et Martiniani [9]) anno quo supra hora quasi nona'. [10])

2. **Wiener Handschrift A a.** Die zweite Wiener Handschrift, Nro 3408. (Univers. 829.) ist eine Papierhandschrift, deren erster Theil dem Ausgange, der zweite dem Anfange des 15. Jahrhunderts angehört. Sie stammt aus dem Nachlasse des Bischof Johann Faber von Wien und war vorher im Besitze des Dr. Joh. Fuchsmagen. [11])

---

7) Vgl. B. 521. a. a. 1338. — 8) So B. p. 511. Beata Margarote statt Martini, p. 519. duces Austriae statt des sinnlosen duce. — 9) 2. Juli. — 10) Im Kloster-Neuburger Nekrologium (Arch. f. Kunde österr. Geschichtsquellen. VII, 269—307. ed. Zeibig.) findet sich kein Ulrich, bei dem der Beiname Silberchnoll stände, wiewohl die Beinamen häufig angegeben sind. — 11) Johann Faber ist der bekannte Bischof von Wien (1530—41). Ueber Fuchsmagen vgl. Aschbach: Gesch. d. Wien. Univers. II, 73. n. 4; er war geheimer Rath Friedrichs III und Maximilians. Für sein noch ungedrucktes, auf der Wiener Hofbibliothek befindliches Werk: ‚Catalogus sive Series Imperator., Caesar., Tyrann., qui imperium invadere ausi sunt. mag er H. v. R. benutzt haben.

Der erste Theil enthält: 1. liber Augustalis edit. per D. Franz. Petrarcham, 2. libellus de scripturis lapidum etc., 3. de Romanis et eorundem edificiis, 4. de Britannia minori; der zweite, ältere Theil von fol. 215 an: 1. Incipit Cronica Apostolicorum (i. e. Flores temporum. — Adolfus est electus), 2. die Fortsetzung derselben von Heinrich von Rebdorf, 3. Von derselben Hand ganz kurze Maurbacher Annalen. [12]) Der Text der Chronik des Heinrich von Rebdorf stimmt im Wesentlichen mit dem des vorhergehenden Codex (A); es fehlt in beiden genau dasselbe; beide haben die kurze Anmerkung a. a. 1338. Jedoch kann diese Handschrift keine Abschrift jener sein, da an einer Stelle, wo in A die Reihenfolge einiger Namen verschoben ist, in Aa sie richtig auf einander folgen, wie die Uebereinstimmung mit den andern Handschriften und besonders mit der sogen. Continuatio Hermanni Altahensis tertia, der die ganze Stelle entlehnt ist, [13]) zeigt.

---

12) Anno domini 1314 fundata est domus in Maurbach ab excellentissimo principe domino frederico rege Romanorum semper augusto. — Anno domini 1319 incorporata est ordini. — Anno domini 1327 16 Kalend. Julii dedicata est per venerabilem in Christo patrem dominum Albertum pataviensem episcopum in honorem gloriosae semper virginis Mariae et omnium sanctorum. — Anno domini 1334 obiit fundator monasterii. — Anno domini 1348 factus est terremotus in universa Austria, Karinthia etc. dann werden die Pestjahre 1348, 59, 68, 81 aufgezählt. Es folgt die Erzählung der Theuerung von 1405 ..... et multa milia hominum de wyenna propter famem excesserunt. — Unter dem fundator monasterii beim Jahre 1334 scheint Gotfried der erste Prior des Klosters verstanden werden zu müssen, da Friedr. der Schöne schon 1330 starb. — 13) A hat: Judei in Nurenberg Winsheim Herbipoli Rotenburch Mergelthaim Eistet. Aa: Judei in Nurenberg Herbipoli Rotenburch Winsheim Mergeltheim Eistet. Mit letzterem stimmen alle andern Handschriften und die Continuatio Hermanni Altahensis tertia: Judei qui inventi sunt in Nurenberg Wierzpurg Rotenburg Windishaim Mergetaim Ascania (i. e. Eistet, nicht Astania) Vgl. B. 510 und SS. XXIV, 56.

Beide beanspruchen demnach denselben Werth und entstammen, wie es scheint, beide dem Kloster Maurbach, wo auch das gemeinschaftliche Original gewesen sein mag.

3. **Kloster-Neuburger Handschrift B.** Die erste Kloster-Neuburger Handschrift Nro 699 ist eine Papierhandschrift in folio und gehört dem 15. Jahrhundert an. In dem von Pertz verfassten Verzeichnisse der Handschriften österr. Klöster [14]) wird sie bezeichnet als Martini Poloni chronicon cum Henrici de Rebdorf continuatione usque ad annum 1342. Doch wird dieses vermuthlich auf einem Irrthume beruhen, und nicht der Martinus Polonus, sondern der Martinus Minorita den ersten Theil der Handschrift bilden. [15]) Da sie der Böhmer-Huber'schen Ausgabe zu Grunde liegt, so lässt sich ihr Werth genauer bestimmen. Sie enthält den Handschriften A und Aa gegenüber eine Reihe von Zusätzen, die unten besprochen werden sollen; der Ausgabe von Gewold gegenüber, welche ihre Varianten, wie weiter unten nachgewiesen werden soll, der Pariser entnimmt, fehlen aber manche Zusätze, wie sich aus den Anmerkungen der Böhmer'schen Ausgabe ersehen lässt.

4. **Kloster-Neuburger Handschrift Ba (?).** Die zweite Kloster-Neuburger Handschrift Nro 697 ist eine Papierhandschrift des XV. Jhrhdts in folio [16]). Sie enthält: 1. eine römische Geschichte bis auf Augustus. 2. Theile des Martinus Polonus. 3. auf fol. 111—157 Salzburger Annalen bis 1277 mit den Bischofsverzeichnissen bis 1284. 4. auf fol. 157 die flores temporum mit der Fortsetzung des Heinrich von Rebdorf bis zum Schlusse der Handschrift auf fol. 169, wo der Text (noch in den

---

14) Vgl. Archiv VI, 187 und III, 519—521. — 15) Vgl. Ottokar Lorenz: Deutschlands Geschichtsquellen im M. A. seit der Mitte des 13. Jhrhdts I², 121. 122. — 16) Vgl. Archiv VI, 187 und X, 594.

flores) abbricht. Die Fortsetzung, die sich ohne alle Lücke anschliesst, steht vorher fol. 61, von derselben Hand geschrieben, und reicht bis in die Hälfte der ersten Columne der zweiten Seite von fol. 101 und endigt, wie die vorhergehenden Handschriften, mit 1343. Die letzten 2 Zeilen sind radirt und roth durchstrichen, zu lesen ist noch : .... finis per dei gratiam. Amen. [17]) Heinrich von Rebdorf beginnt auf fol. 93'. Da mir eine Collation nicht vorlag, so kann ich die Affiliation der Handschrift nicht bestimmen. Es ist jedoch wahrscheinlich, dass, als Böhmer in Kloster Neuburg die vorher genannte Handschrift (B) collationirte, er auch diese dabei berücksichtigte und, wenn er Differenzen zwischen beiden gefunden hätte, sie auch angegeben haben würde. Vorläufig wird man daher wohl an der Bezeichnung: Ba. festhalten dürfen. Dann folgt von anderer Hand auf neuer Zeile: ‚Qui superius praenominatus Clemens VI. electus est anno 1342 et erat de ordine scti Benedicti'. Beschrieben sind von dieser Hand 1½ Columnen von fol. 101, fol. 102 und 21 Zeilen von fol. 103, wo der Schluss lautet: ‚Idem Alexander intoxicatus fuit a cardinali dictus Baltesar de Cossa, qui cardinalis fuit multum vir strenuissimus in bello, quod propriis armis ac manu potenti debellavit civitatem dictam'. Diese Fortsetzung hat die Anordnung des Stoffes in den flores temporum und Heinrich von Rebdorf (Trennung in Kaiser- und Papstgeschichte) beibehalten und reicht von 1342—1410.

5. Pariser Handschrift C. Die fünfte Handschrift, welche bisher als die Originalhandschrift galt, ist jetzt auf der Bibliothèque nationale zu Paris. [18]) Nro 10770

---

17) Es ist sehr zu bedauern, dass die Subskription ausgetilgt ist, da sie ohne Zweifel Auskunft über den Verfasser geben würde. — 18) Vgl. Archiv VII, 72 u. 670; VIII, 307. ausserdem Hirsching: Versuch einer Beschreibg merkwürd. Bibliothek. Teutschlds Bd. 3. Abtheilung 2. Erlang. 1790, der die Pergament-

(Supplem. latinum 201[11]). Es ist eine Pergamenthandschrift in Quart, aus 234 Blättern bestehend, welche mit littera und Zahl signirt sind. Nach einer Bemerkung auf dem ersten Blatte, welches dem vorgebundenen Inhaltsverzeichniss folgt, gehörte der Codex früher dem Kloster Rebdorf, wo er das Signum: D. 13. trug. Es heisst dort nämlich: ‚Iste liber est ecclesie s. Johannis baptiste canonicorum regularium in Rebdorff', von einer Hand saec. XIV. geschrieben; eine andere, saec. XV., fügte hinzu: ‚ordinis sancti Augustini dyocesis Eystetensis'. Auf dem vorgehefteten Pergamentblatte gibt ein Schreiber des 15. Jhrhdts den Inhalt des ganzen Codex folgendermassen an: Cronica fratris N (eine spätere Hand besserte Her., nämlich: Hermanni.) de ordine fratrum minorum et nuncupatur flores temporum. — Sermones quinque Henrici secundi (eine Hand des XVII. Jhrhdts fügte hinzu: Capellani mon. s. Willibaldi Eustadii.) facti in cena Domini, de generibus sacrificiorum. de eukaristia. de vita clericorum et canonicorum. de passione Domini. de condicione poenitentis. — Senece de quatuor virtutibus cardinalibus. — Tractatus quidam Senece. — Excerpta ex libris confessionum sancti patris nostri Augustini. — De provocacione demonis ad judicium contra genus humanum. — Anshelmus de passione domini. — Exempla multa et miracula de diversis. — Girardus ad Raymundum de regimine domus. — De kalendis januarii presagia. — De natura planetarum. — Statuta canonicorum regularium. —

Der Codex besteht aus 2 Theilen, von denen der erste auf 61 Blättern nur die flores temporum ohne die Rebdorfer Fortsetzung enthält, welche die vorstehende

---

handschriften der Rebdorfer Bibliothek beschreibt, und zwar die Theile der Pariser Handschrift gesondert: flores temporum p. 496. 497., Heinrich von Rebdorf 498, die Sermones 500, Seneca 501, Excerpta ex libris confessionum S. Augustini und Provocacio demonis ebendaselbst.

Inhaltsangabe als Theil der flores temporum betrachtet. Dieser Theil ist von einer Hand aus dem Ausgange des 13. oder Anfange des 14. Jahrhunderts geschrieben. Fol. 61' enthält nur ein Distichon auf die 4 Evangelisten. Der zweite Theil rührt von einer Hand her, welche der Mitte des 14. Jahrhunderts angehört, und umfasst fol. 62—228; angehängt sind ein paar Blätter (229—234) von einer andern Hand desselben Jahrhunderts. Den Beginn macht auf fol. 62—98 die Chronik des Heinrich von Rebdorf, die sich ursprünglich durch keine Ueberschrift kenntlich machte, während in neuerer Zeit hinzugefügt ist: ‚Annales Hainrici canonici Rebdorfensis'. Die Seite ist in Columnen gespalten, jedoch stehen nicht, wie in den ältern Handschriften des Martinus Polonus [19]) Kaiser- und Papstgeschichte neben einander, sondern die Stücke sind einfach, ohne die in den Ausgaben von Gewold und Freher hinzugefügten Titel: ‚Pontifices Romani'. ‚Redit ad imperatores'. an einander gereiht, und zwar wie folgt: Kaiser von Adolf bis zum Tode Heinrichs von Luxemburg (1294—1313), Päpste von Nikolaus IV bis zum Beginne Clemens VI (1288—1343), Ludwig der Bayer (1314—1347), Clemens VI und Innocenz VI (1342—1362), Karl IV (1347—1362). [20]) Am Ende der Papstgeschichte (1362) auf fol. 87' ist nach den Worten: ‚ante festum exaltationis S. Crucis' [21]) der Rest des Blattes und ebenso das folgende ganz freigelassen. Unten auf fol. 98' endet auch die Kaisergeschichte (1362) mit den Worten: ‚et sic sine

---

19) Vgl. Weiland in der Vorrede zum Martinus Oppaviensis. M. G. SS. XXII, 381. Auch die flores temporum sind in den älteren Handschriften so geschrieben. vgl. SS. XXIV, 227. — 20) Während dieselbe Reihenfolge sich in allen andern Handschriften und Ausgaben findet, wich Böhmer — ich glaube, nicht mit Recht — davon ab und vereinigte in seiner Ausgabe die gesammte Kaisergeschichte, der dann die Papstgeschichte folgt. — 21) B. p. 568. Gewold p. 62.

bello ab invicem recesserunt'. Dann folgt eine Hand, nach Pertz dieselbe, aber mit anderer Dinte, nach Heller saec. XV, welche auf 98' noch schreibt: ‚Et idem Meinh' und auf 99 fortfährt: ‚postea modico tempore — (eine halbe Spalte) — ut hodie possident. Eodem anno'. [22]) Dann bleibt der Rest von 99 u. 99' frei, offenbar, wie auch bei der Papstgeschichte, für eine ev. Fortsetzung. Die Handschrift ist sehr sauber geschrieben ohne bedeutendere Rasuren oder Ausstreichungen; jedoch sind hie und da Correkturen vom Schreiber selbst und von einer wenig jüngeren Hand gemacht. Nach der Ansicht von Pertz, welcher für die Monumenta Germaniae die Handschrift collationirte, ist dieselbe vom Verfasser weder geschrieben noch corrigirt; denn einmal enthalte der Text Fehler, welche dem Verfasser nicht zugetraut werden könnten, [23]) andererseits brächten aber auch hie und da die Correkturen erst die Fehler hinein. Der bisher überschätzte Werth der Handschrift, die man als Original ansah, sinkt damit bedeutend herab.

Auf fol. 100 beginnen von derselben Hand geschrieben, welche den Heinrich von Rebdorf abschrieb, die fünf Grünen-Donnerstags-Predigten. Eine kurze gemeinschaftliche Ueberschrift [24]) und die Einzeltitel sind mit rother Dinte geschrieben und lauten, wie folgt: fol. 100. ‚Incipiunt sermones facti in cena Domini et primus tractat de hiis que requiruntur in quolibet sacrificio': ‚Obtulit semet-

---

22) B. p. 549. Gewold p. 87. — 23) z. B. B. p. 512 a. a. 1314: ducem superiorem Bavarie statt superioris; B. p. 522. a. a. 1339 providus viris, wo es nach Holder-Egger providus juris heissen muss; B. p. 542 a. a. 1356 connotat curiam statt convocat curiam und ähnliches mehr. — 24) Man lasse sich nicht irreführen durch die in der Pertz'schen Beschreibung stehende Ueberschrift: ‚Sermones ab Heinrico Surdo Rebdorfiensi canonico compositi'. Dieselbe findet sich nicht in der Handschrift, wie mir auf meine Vermuthung Herr Dr. Heller bestätigt.

psum immaculatum Deo. in epistola beati Pauli apostoli nono capitulo. beatus Bernhardus in quodam sermone loquens .... fol. 112 vivit et regnat. Amen.'

‚Collatio per Heinricum dictum Surdum collecta et facta in cena Domini anno Domini 1340. Hic sermo tractat de sacramento eukaristie. Memoriam fecit .... fol. 122' vivit et regnat. Amen.'

‚Collatio per Heinricum dictum Surdum facta in die cene Domini a. D. 1341. Iste sermo tractat de regula et vita canonicorum et clericorum secularium, circa quam etiam sollicitus fuit Ludwicus imperator primus, ut invenies de eo in cronicis'. [25])

fol. 130'. ‚Sermo factus anno Domini 1342 in die cene Domini, de passione Christi.'

fol. 136'. ‚Collacio facta in die cene Domini per Heinricum dictum Surdum capellanum sancti Willibaldi anno Domini 1342. [26]) Iste sermo tractat de condicione poenitentis'. fol. 144 folgt dann Senece liber de virtutibus und die angegebenen Stücke.

Pertz glaubte, dass die Pariser Handschrift sowohl der Ausgabe von Freher, als der Gewolds zu Grunde gelegen habe. Allein da die Unterschiede sich nicht etwa auf einzelne Silben oder Worte allein erstrecken, sondern ganze Sätze bei Freher fehlen, die bei Gewold sich finden, andererseits eine Vergleichung mehrerer besonders stark variirender Stellen ergab, dass die Handschrift im Wesentlichen mit Gewold [27]) stimmt, der ja auch angiebt, seine

---

25) Vgl. die flores temporum SS. XXIV. 234. — 26) Doch wohl falsch statt 1343. — 27) Die Vergleichung von Freher und Gewold ist mühelos, da letzterer Frehers Text abdruckt und die Rebdorfer Varianten am Rande beigiebt. Einige Stellen mögen zum Beweise des im Texte Gesagten dienen:

Freher p. 424 ...	Gewold p. 27 hat	Pariser Handschrift fol. 73' ...
heresiarchis in Urbe.	qui statt quae und	heresiarchis in urbe'):
Idem verbum habetur	hinter aliorum :	

Varianten einem Rebdorfer Codex entnommen zu haben, so müsste Freher, wenn Pertz Recht haben sollte, bei Benutzung der Handschrift in der That sehr sorglos verfahren sein. [28])

Der Werth unserer Handschrift beruht nicht allein darauf, dass sie allein den zweiten Theil von 1343—1362

XXIV. qu. III. quae aliorum. Non intelligas, quod Antipapa predictus.....	Anno praedicto in mense Januario. Non intelligas, quod....	Idem verbum habetur ²) XXIII. q. III. qui ³) aliorum. Anno predicto in mense Januario. Non intelligas, quod ....¹) urbes radirt in urbe. ²) am Rande von der jüngeren Hand.³) übergeschrieben von derselben. Pariser Handschrift fol. 81. ad duo miliaria de Monako subitanea morte decessit sine omni penitentia et signo contricionis Versus:¹) Cesar Ludwicus Princeps pacis et amicus | Venandi studio moritur dilapsus ab equo. Et sic notabiliter divina plaga...¹) Versus - - equo von jüngerer Hand am Rande hinzugefügt.
Freher p. 437: ad duo miliaria de Monaco et subitanea morte decessit. Caesar Ludwicus princeps et pacis amicus | Venandi studio moritur delapsus ab equo. Et sic notabiliter divina plaga...	Gewold p. 47. fügt hinter decessit hinzu: sine omni poenitentia et signo contritionis und bemerkt, dass die Verse von anderer Hand am Rande hinzugefügt sind.	

Auch findet sich der lange Zusatz zu: Qui (Günther von Schwarzburg) ...... ante electionem suam maxime per auxilium „Maguntini ac Ruperti prescriptorum Karulo adhuc ...... congregato exercitu iuxta Maguntiam" (Gewold 67.), der bei Freher p. 445 fehlt, ganz so in der Handschrift. — 28) Jedenfalls beruht

vollständig enthält, sondern es ist auch zu beachten, dass im ersten Theile wieder eine Reihe von Einfügungen sich finden, die unten untersucht werden sollen. Die Handschrift war bis zum 17. Juli 1800 in der Klosterbibliothek zu Rebdorf. An diesem Tage liess der französische Brigade-General Joba, ein Bücherfreund, als seine Listen nicht verfangen wollten, den grösseren Theil der Bibliothek durch seinen Sohn gewaltsamer Weise wegführen. [29]) Zunächst scheint die Handschrift in den Privatbesitz Jobas gekommen zu sein; wie sie nach Paris kam, ist mir unbekannt.

6. Wiener Auszug. D. Die dritte Wiener Handschrift (Nro 3284 resp. Hist. prof. 1053) ist eine Papierhandschrift des 15. Jahrhunderts in Duodez und enthält die flores mit der Fortsetzung derselben, dem Heinrich von Rebdorf (—1362), die aber in einen ganz kurzen Auszug gebracht ist. Auf die Schlussworte der flores: „Adolfus, qui septem annis et uno mense regnavit" folgt unmittelbar: ‚Wenzeslaus rex Bohemie cum Guta regina . . . . . extitit completum'. [30]) Am Rande steht bei Beginn der Fortsetzung: ‚Heinricus Surdus de Eychsct que secuntur addidit'. Dann heisst es im Text weiter: ‚Albertus primus filius — regnavit annos decem'. [31]) ‚Anno domini 1300 ex permissione dei — cremati sunt'. [32]) ‚Anno

---

aber die Handschrift (oder. ev. das Druckmanuskript) Frehers auf der Rebdorf-Pariser, da die in der vorigen Anmerkung angeführten zwei Verse, welche von jüngerer Hand in der Pariser hinzugefügt sind, sich auch in Frehers Text finden. Damit ist dessen Ausgabe völlig werthlos geworden. — 29) Vgl. die Darstellung Suttner's im Eichstädter Pastoralblatt. Jahrgang 1866. p. 107 ff. Nachträglich wurde das Stift noch gezwungen, ein Altarblatt‚ (angeblich von Rubens: Der hl. Joseph mit dem Jesuskinde an der Hand, Geschenk des Fürstbischofs Kübel von Katzenellenbogen) herauszugeben. vgl. Hirsching: Bibliothek für Länder und Völkerkunde. p. 311. — 30) B. p. 508 unten bis p. 509 oben. — 31) B. p. 509 unten. — 32) B. p. 510 oben.

Domini 1302 rex francie . . . . etc'. [33]) Der Auszug endet 1362: „. . . . moritur imperatrix suprascripta.' [34]) Dann folgt noch von späterer Hand: ‚Est chronicon hoc cujusdam Martini famuli Minoritarum, cui titulum fecit Flores temporum vide Praefac. in fine. Pertingit usque ad Carolum IV. Impressum non vidi latine, germanice vero prodiit typis excusus. Ulmas. Anno 1486'. [35]) Die uns erhaltenen Handschriften sind deutlich unterschieden durch die Bemerkungen, welche in einigen fehlen, in anderen vorhanden sind, und durch das Endjahr 1343 resp. 1362/63. Nach unserer Ansicht, die wir im Folgenden begründen werden, ist der erste, bis 1343 reichende Theil etwa im Jahre 1347 oder kurz vorher

---

33) B. p. 511 oben. — 34) B. p. 518. — 35) Die Angabe d. Handschrift lässt wohl keinen Zweifel mehr daran zu, dass in der That eine deutsche Ausgabe der flores temp. im 15. Jahrhdrt. gedruckt ist, was Holder-Egger M. G. SS., XXIV, 230. n. 6. bezweifelte. Schon 1473 waren sie in einer deutschen Ueberarbeitung des Ulmer Arztes Heinrich Steinhöwel unter dem Titel: „Cronica. Hie hebt sich an eine tütsche Cronica von Anfang der Welt uncz uff Keiser Friderich." Ulm. Joā Zainer vō Rütlingen bekannt geworden. Die 2. Auflage, bearbeitet und fortgesetzt durch Jac. Riboln, Stadtschreiber in Oppenheim, erschien in Frankfurt a. M. 1531. Die Jahre, welche für Heinrich von Rebdorf in Betracht kommen, sind der Contin. Mart. Minor. bei Eccard: Corp. hist. T. I. p. 1631—1640 entnommen. vgl. über Steinhöwel O. Lorenz. a. a. O. I, 57 und Staelin. Wirtemberg. Geschichte III, 764, 765. Im Jahre 1486 erschien allerdings in Ulm bei Cunrad Dinkmut eine deutsche Chronik unter dem Titel: In Gottes namen. Amen. In diser Chronik etc., welche in demselben Jahre noch eine 2. Aufl. erlebte. Vgl. Panzer: Ann. d. älter. dtschen Lit. Nro 228. 229. Es ist dieses die sog. Chronik des Lirer von Rankweil. (resp. Wirtemberg. Chronik vgl. Staelin: Wirt. Gesch. III, 9.) Die Angabe der Handschrift darf man jedoch nicht auf diese Chronik beziehen, da der kurzen, gleichwohl sagenreichen Erzählung Lirers keineswegs der Heinrich von Rebdorf zu Grunde liegt.

geschrieben. In dieser Gestalt blieb jedoch die Originalhandschrift dieses Theiles nicht, es wurden vielmehr bald Eintragungen am Rande hinzugefügt, welche neue Thatsachen anmerken, oder auf kirchl. Vorschriften, oder auf Vorhergehendes, aber auch schon auf die Fortsetzung hinweisen. Das Original des ersten Theiles ist uns weder selbst erhalten, noch auch eine Abschrift aus der Zeit, als der Text noch keine Eintragungen enthielt; vielmehr sind in allen erhaltenen Handschriften die Randbemerkungen bereits in den Text hereingezogen. Es sind aber drei Recensionen zu unterscheiden; die erste enthält eine geringere Zahl von solchen Einschiebseln. Zu ihr gehören die Wiener Handschriften A und Aa, die eine 1380, die andere im Anfang des 15. Jahrhunderts geschrieben. Letztere kann aber nicht, wie oben gezeigt ist, [36]) Abschrift der ersteren sein, beide beanspruchen gleichen Werth. Indessen sind sie nicht Abschriften des Originals selbst, das ja 1380 bereits durch Einschiebsel wieder bereichert war, sondern sie beruhen auf einer Abschrift, welche ca. 1350 angefertigt ist und in einem oesterreichischen Kloster (ob Maurbach selbst?) gelegen haben mag.

Einen durch die Hinzufügungen zum Bestand der ersten Recension erweiterten Text — die zweite Recension — bietet die erste Kloster-Neuburger Handschrift B, welche dem 15. Jahrhundert angehört. Auch die andere Kl. Neuburger B a gehört demselben Jhrhdrt an und dürfte, wie oben gesagt ist, [37]) mit B zusammengestellt werden. Diese können aber nicht dem Original entnommen sein, welches später noch wiederum durch Zusätze vermehrt wurde; wir haben vielmehr als Mittelstufe eine 1360 angefertigte Abschrift anzunehmen. Die Pariser Handschrift C und die, welche der Freher'schen Ausgabe zu Grunde liegt, bieten endlich den vollen Text — die dritte Recen-

---

36) S. oben p. 9. — 37) S. oben p. 11.

sion — mit allen Bemerkungen und die Fortsetzung (1343—1362/63). Ihr erster Theil (bis 1343) kann ja natürlich das Original nicht sein; dass aber auch die Fortsetzung uns hier nicht in der Originalhandschrift oder auch nur in einer Reinschrift des Verfassers vorliegt, erhellt aus mehreren in den Text hineingezogenen Zusätzen, die weiter unten behandelt werden sollen. Der Auszug D hatte die ganze Chronik vor sich; Genaueres über seinen Zusammenhang mit den andern Handschriften lässt sich aber nicht angeben. Wir erhalten aus dem Vorstehenden nebenstehendes Schema (Vgl. p. 21).

Mit Recht macht Lorenz darauf aufmerksam [38]), dass ohne genaue handschriftliche Untersuchung es unmöglich sei, über das Abfassungsjahr des „Heinrich von Rebdorf" zu urtheilen. Huber hatte, als er die Einleitung zu der Ausgabe in den fontes machte, diejenigen Stellen, welche Bezug auf folgende Ereignisse nehmen, zu Hülfe genommen, ohne zu bedenken, dass grade diese Stellen später eingefügt seien. Um eine sichere Grundlage zu gewinnen, ist es daher nöthig, den ursprünglichen Bestand der Chronik herauszulösen und zu zeigen, wie nach und nach Notizen eingefügt wurden und welche diese sind.

a. Eintragungen in die Originalhandschrift bis zum Erfolg der ersten Abschrift (ca 1350).

An mehreren Stellen weicht der Text in den verschiedenen Handschriften so von einander ab, dass wir nur dann — und zwar auf leichte Weise — eine Lösung finden, wenn wir eine Einschiebung annehmen. Man erkennt so nur die Stellen, wo die Bemerkungen ungeschickt eingeschoben sind und den Zusammenhang stören, während die richtig eingefügten sich ganz der Beachtung entziehen.

---

38) a. a. O. I p. 124.

Erster Theil — 1343.

Original (verloren), verfasst zwischen 1344—1349; dann fortwährend Eintragungen.

Zweiter Theil — 1362.

Original (verloren), geschrieben 1362/63; kurze Notizen nachgetragen.

Abschrift (verloren). ca. 1350. (I. Recension.)	Abschrift (verloren). ca. 1360. (II. Recension.)	C. Paris 10770 (früh. in Rebdorf). Zwischen 1367 u. 1369/70 geschr. (Gewold.) (III. Recension u. 2. Theil).	Abschrift (verloren). (benutzt für die Ausgabe von Freher).
A. Wien Nro 3284†, Aa. Wien Nro 3408, geschrieben 1380 in geschrieben Anf. XV. Maurbach. saec. in Maurbach.	B. Klost. Neub. Nro 699, XV. saec. (Böhmer).	? Ba. Klost. Neub. Nro 697, XV. saec.	

D. Wien Nro 3284, Auszug, saec. XV.

1. Böhmer p. 549 a. a. 1294 ist nach ‚in urbe Romana' der Satz: ‚sed post electionem suam se transtulit in Neapolin' eingeschoben, der den Zusammenhang völlig stört³⁹). — 2. B. p. 550 a. a. 1294. Die Handschriften haben bei den Worten ‚cum processione cleri Neapolitani' die Worte: ‚alias Romani' bald vor, bald nach Neapolitani. Am deutlichsten zeigt die Einschiebung die Handschrift A, wo es heisst cleri = alias Romani | Neapolitani. | — 3. B. p. 517 a. a. 1327. Die Klosterneuburger Handschrift B hat auf den Satz: ‚Hic marchionatus..... per obitum Waldemari marchionis ibidem supranominati' die Worte folgen: ‚Hic videlicet Waldemarus post viginti octo annos reversus est ad terram, asserens se adhuc vivere, prout infra invenies sub Karolo quarto', während die Gewoldsche Ausgabe den Satz einfügt hinter den Worten: ‚obitum Waldemari', so dass das ‚marchionis ibidem supranominati' sich ganz unverständich an ‚Carolo quarto' anschliesst. Die Wiener Handschrift A charakterisirt die Einfügung noch schärfer dadurch, dass sie die Anmerkung durch ihre Stellung kenntlich macht⁴⁰). — 4. B. p. 517 a. a. 1328. Aus einer Vergleichung des Böhmerschen, Freherschen und Gewoldschen Textes folgt, dass ursprünglich nur der Satz: ‚Anno predicto in mense — se imperatorem scripsit' vorhanden war. Später wurden hinzugefügt: ‚Non intelligas, quod antipapa — canitur: Omnis terra'. ‚Et post hanc coronationem — gladii tempoialis commisit eidem'. — 5. B. p. 520 a. a. 1333. Der Text der Gründungsgeschichte Ettal's ist in den Handschriften A und B klar; in den Ausgaben sind die Theile der Sätze durcheinandergeschoben, so dass sich nachweisen lässt, dass der ursprüngliche Text nur die beiden Sätze: ‚Ipse etiam Ludewicus — cum suis uxoribus' und ‚Pro cujus — et rebus privavit' hatte. ‚In hoc monasterio multas solempnes reliquias et preciosum ornatum circa divina vidi. Istud etiam monasterium post obitum Ludewici exstitit desolatum et multe expense

---

39) Böhmer glaubte auch die Worte: iuxta tenorem constitutionis: *Ubi periculum* de elect. lib. VI seien eingeschoben und bringt sie in Verbindung mit der Verlegung des Sitzes nach Neapel; das ist aber unrichtig; sie gehören zu: ‚in uno conclavi inclusis in urbe Romana,' da die citirte Constitution Gregors X. über die Einrichtung des Conclaves handelt cfr. c. 3. *Ubi periculum* do elect. I, 6 in VI. — 40) Die Bemerkung: ‚prout infra invenies sub Carolo quarto' bezeugt doch wohl nur, dass damals schon die Absicht bestand, das Leben Karls IV. hinzuzufügen, nicht aber, dass damals schon damit der Anfang gemacht war.

sunt perdite' ist eingeschoben. — 6. B. p. 523 a. a. 1342 ist zu ‚ut Kataracte celi viderentur aperte' hinzugefügt: ‚ut dicitur XVI. — fundamenta terre etc.'

Aus den chronologischen Angaben in 3 und 5 folgt, dass die erste Abschrift, der A und A a folgt, nach 1348/49 geschrieben sein muss.

b. Eintragungen in das Original bis zum Erfolg der zweiten Abschrift.

Die Vergleichung der Klosterneuburger Handschrift B mit der Wiener A lehrt, dass erstere einzelne kleinere und grössere Nachtragungen enthält.

7. B p. 512 a. a. 1313 ist zu ‚propo civitatem Senarum' hinzugefügt: ‚in castro dicto Bonthonienth'. — 8. B. p. 553 a. a. 1311 ist bei ‚ordinem Templariorum approbatum' angemerkt ‚videlicet ab Honorio papa II.' — 9. B. p. 553 a. a. 1316 ist die genaue Datirung der Wahl Johann's XXII. eingeschoben ‚die septimo mensis Augusti'. — 10. B. p. 515 a. a. 1325 und flgde ist von ‚Anno undecimo Ludewicus — et confoederavit se cum predicto Friderico capto' bis ‚Anno regni sui duodecimo' alles Zwischenliegende eingeschoben. Die Eintragungen durchbrechen die annalistische Form, da sie bis 1330 reichen, andererseits zeigen sie bereits den Einfluss der Volkssage, so dass die ganze Stelle noch weniger Glauben verdient als ihr Walther Friedensburg geschenkt hat [40]). — 11. B. p. 516 a. a. 1327 ist die Datirung der Pest, welcher auch der Bischof von Eichstädt erlag, angemerkt: ‚quae fuit anno domini MCCCXXVI de mense julio et augusto ac septembri.' — 12. B. p. 520 a. a. 1333 ist hinzugefügt: ‚multos etiam provisos a sede, qui ei obedire nolebant, admisit et ipsi tota quasi Alemania non obstantibus sedis apostolice processibus obedivit'.

Diese Nachträge liefern keine chronologische Daten, nach denen man den Erfolg der zweiten Abschrift feststellen könnte.

c. Eintragungen seit dem Erfolge der zweiten Abschrift.

---

40) Ludwig der IV. der Bayer und Friedrich von Oestreich. Gött. Dissertation 1877.

13. B. p. 509 a. a. 1298 wurde zu ‚super prioritate sedium' hinzugefügt: ‚vide quod tunc hujus prioritatem sedium not. in Clement. De regularib. c. *Ut professores* in Gl. ad verbum *inibi* circa medium'. — 14. B. p. 510 a. a. 1298. Im Original stand: ‚auxilium Gebhardi comitis de Hirtzperch tunc ejusdem advocati'., später schob man ein: ‚M. CCC. IV. XVII. Kal. Martii obiit idem comes sepultus in Rebdorf, qui in lecto aegritudinis suae libere divisit advocatiam ecclesie Eystetensis, donans castrum in Hirtzperg et oppidum Berchingen et alia quam plura bona eidem pro remedio animae suae'[41]). — 15. B. p. 510 a. a. 1300 ist zu ‚ad comitem Palatinum pertinere ex quadam consuetudine' hinzugefügt: ‚Quod sit officium Palatinae dignitatis vide XXXXII°. q. V. c. *preceptum Domini* in additione'. — 16. B. p. 552 a. a. 1303 ‚Benedictus sedit duobus annis vel circa in Perusio'. Später wurde zu annis hinzugefügt: ‚alii dicunt de uno, immo de octo mensibus, et quod electus fuit in urbe, sed t anstulit curiam Perusium, et post obitum suum vacavit sedes duobus annis'. — 17. B. p. 552 a. a, 1305. ‚in absentia eligitur'; später wurde nachgetragen: ‚Vide scripturam authenticam quae dicit, hunc Clementem electum anno domini MCCCV die quinto mensis iunii in Perusio'. — 18. B. p. 553 a. a. 1314. ‚Anno domini 1314 in provincia apud Carpentoratum'; dann eingefügt: ‚die XX mensis aprilis pontificatus sui anno X. ita legi in authentica scriptura.' — 19. B. p. 555 a. a. 1328 zu ‚de matrimonio' hinzugefügt: ‚Vide quid juris circa similem materiam quod not. LXXIX dicitur. *Si quis pecuniam*, in gl. *videtur fieri'*. — 20. B. p. 556 a. a. 1330 ‚et suorum successorum' erhielt den Zusatz: ‚De hoc canone XXII. q. III. cap. *dixit apostolus* et que ibi not.' — 21. B. p. 513 a. a. 1314. Bei der Charakteristik Ludwigs stand im Text: ‚tardus ad laborem solatia quodammodo libenter querens'. Hinter laborem schob man ein: ‚Dicitur XXIII. q. V. c. *Rex debet filios suos non sincere impie agere*, quod ipse non bene servavit.' Dann wurde der Angabe der Regierungszeit das Todesdatum hinzugefügt: ‚et obiit anno Domini 1347 quinto idus octobris.' — 22. B. p. 516 a. a. 1347. ‚Vocatus per

---

41) Vgl. die Urkunden bei J. H. de Falckenstein: cod· dipl. antiqu. Nordgaviens. Frankfurt 1733 und den Aufsatz von Sax: Beitr. z. Gesch. d. Grafen v. Hirschberg im 27. Jahresberichte des hist. Ver. f. Mittelfrank. 1859.

Castrucium dominum Lucanum venit Tusciam'; dazu wurde ein Verweis auf die flores temp. hinzugefügt: ‚Vide simile supra de Arnolpho'[43]). — 23. B. p. 516 a. a. 1327. Der Tod des Bischofs Gebhard von Graisbach wird näher bestimmt durch den Zusatz: ‚hic Gebhardus obiit anno domini MCCCXXVII in die exaltationis sancte crucis'. — 24. B. p. 517/18 a. a. 1328 zu ‚Rupertum regem Apuliae licet tarde' wurde bemerkt: ‚de quo in chronico invenies sub Carolo'[44]). — 25. B. p. 519 a. a. 1330. In ‚. . a se reiecit et deinde in thoro nunquam voluit ei cohabitare' wurde eingeschoben (und zwar hinter ‚rejecit'): ‚bene circa triginta annos quibus ambo post adulterium commissum vixerunt'[45]). — 26. B. p. 519 a. a. 1332 zu dem Namen Alberts von Oestreichs ist hinzugefügt: ‚hic Albertus supervixit omnibus fratribus suis sine heredibus decedentibus et licet contractus manibus et pedibus tamen terram suam strenue rexit et pacifice, ut invenies infra sub Carolo'[46]) — 27. B. p. 521 a. a. 1338 zu den Worten: ‚per juramenta sua diffiniunt' ist hinzugefügt: ‚Hanc diffinitionem visa est sedes apostolica infringere prout infra invenies' und zu dem bald darauf folgenden, contra personam quamcunque': ‚Simile notatur in constitutione Clementina de iur. jur. c. *Ne Romani* circa fi. in glossa *Romanos*'. — 28. B. p. 522 a. a. 1340 zu ‚ipsa ex dolore infirmatur et obiit' ist das weitere Geschick des Gemahls hinzugefügt: ‚Hic rex Cracoviae postea duxit filiam Heinrici landgravii terre Hassic et obiit anno MCCCLI Karolo postea electo in regem Romanorum, ut infra dicetur'[47]). — 29. B. p. 523 a. a. 1343. ‚non facto divortio per ecclesiam' erhielt den Zusatz: ‚istud divortium postea in septimo anno celebratur,

---

43) Dort ist davon die Rede, dass nach Arnulf die Kaiserkrone an Italiener gekommen sei. Vgl. SS. XXIV, 35. — 44) Jedoch findet sich Robert nicht erwähnt unter den Kaisern, sondern unter den Päpsten zu 1343. B. 557. — 45) Der Landgraf Heinrich II, der Eiserne, trennte sich von seiner Gemahlin Elisabeth, Tochter Friedrichs des Freudigen von Meissen, im Jahre 1339, nicht 1330. Elisabeth starb 1367, Heinrich am 3. oder 4. Juni 1376. 46) Albrecht starb am 20. Juli 1358. vgl. B. p. 545. — 47) Kasimir der Grosse, König von Polen, vermählte sich 1341 mit Adelheid, der Tochter Heinrichs des Eisernen, die 1367 (?) starb; er selbst starb am 5. Nov. 1370. Die Angabe der Anmerkung über den Tod der Adelheid (oder viell. Kasimirs) ist also unrichtig; es kann auch nicht im zweiten Theil, der ja nur bis 1362 reicht, derselbe erwähnt werden.

prout infra invenies sub Carolo'⁴⁸). — 30. B. p. 523 a. a. 1343 wurde zu ‚Delfinum Viennensem' hinzugefügt: ‚Humbertum nomine, qui postea factus est monachus et patriarcha (ut infra sub Clemente)'⁴⁹).

Die äusserste Grenze, vor welche die Eintragung einzelner Notizen nicht gesetzt werden darf, ist für 29 das Jahr 1349, für 30: 1351, für 26: 1358 und für 25 und 28 endlich 1367. Da nun die Pariser Handschrift diese Anmerkungen schon im Texte enthält, so kann dieselbe nicht vor 1367 geschrieben sein.

d. Eintragungen in den zweiten Theil (1342—62/63).

Auch der zweite Theil enthält jüngere Eintragungen. Es lässt sich zwar hier kein Vergleich zwischen mehreren Handschriften anstellen, da nur die Pariser vorliegt, es charakterisiren sich aber doch einige Stellen durch die ungeschickte Einfügung als eingeschoben. Die Ernte würde jedenfalls reichhaltiger sein, wenn nicht alle Zusätze, die glatt dem Zusammenhang angepasst sind, der Beobachtung sich entzögen. — 1. B. p. 526 a. a. 1344. Zu: ‚Cujus confederationis auctor fuit — idem Ludewicus' ist hinzugefügt: ‚et Rupertus de quo — cum Heinrico archiepiscopo Maguntino'⁵⁰) — 2. B. p. 526 a. a. 1345. Ist in den Satz: ‚In ecclesia Ratisponensi magnum schisma est in clero et in papa, quia dominus Fridericus burggravius de Nurnberg...' hinter Fridericum eingefügt: ‚hic postea per magna debita ecclesiam destruxit.' — 3. B. p. 529 a. a. 1346. Der Schlacht bei Crecy ist eine doppelte Datirung gegeben ‚23 die mensis Augusti' ‚tertia die quae fuit Mercurii.' und die nachgefügte ‚immo fuit in die Rufi martyris,

---

48) Vgl. B. p. 536 a. a. 1349. — 49) Vgl. B. p. 563 a. a. 1351. — 50) Es ist nicht unwichtig, dass die angebliche Theilnahme des Pfalzgrafen Ruprecht, des Neffen des Kaisers, an der Verbindung gegen denselben als spätere Nachtragung erscheint. Zweifelte man bisher an der Wahrheit dieser Nachricht, die sich eben nur auf Heinrich von Rebdorf stützt (cfr. Huber, Regesten Karls IV. p. XV) ‚so hat man jetzt keinen Grund mehr an einem Bericht, der vielleicht erst 20 Jahr später geschrieben ist, festzuhalten.

quod est quasi dies post Bartholomaei Apostoli' ‚immo fuit in sabbatho.'[51]) — 4. B. p. 531 a. a. 1347. Gewold p. 47 fügte man nach ‚et signo contritionis' die beiden Verse ein:
Caesar Ludwicus Princeps pacis et amicus,
Venandi studio moritur dilapsus ab equo.[52])
— 5. B. p. 560 a. a. 1350. Schon Böhmer macht darauf aufmerksam, dass der Satz: ‚Demum papa inter regem et Ludewicum', der nach diesen Worten abbricht, die Nachricht vom Vergleich zwischen Ludwig von Tarent und Ludwig von Ungarn müsse enthalten haben. — 6. B. p. 534 a. a. 1348. Offenbar ist ein Zusatz: ‚Hic (der falsche Waldemar) post sex annos ad molendinum suum revertitur, quia prius erat molitor et deceptor.' — 7. B. p. 535 a. a. 1349., . . . rex Karolus uxorem ducit . . . partis adverse. ‚anno domini MCCCLIII. de mense februarii obiit.' Böhmer ergänzte vor anno: que. Doch dürfte ‚anno — obiit' wohl eine spätere Anmerkung sein. — 8. B. p. 538 a. a. 1350. Bei der Ermordung des Patriarchen von Aglei heisst es: ‚per assasinos, ut alii dicunt, quod in campis per inimicum suum comitem Gurzensem' ut dicebatur, per quosdam extitit interfectus. Vermuthlich hiess es ursprünglich: ‚per assasinos, ut dicebatur, quosdam extitit interfectus.'[53]) — 9. B. p. 538 a. a. 1350 zu ‚unam fratri regis Ungarie supranominati' ist hinzugefügt: ‚Hic mortuus est anno domini 1353 et reliquit heredes. Hic Wilhelmus post obitum matris incidit in furorem, ut fertur ex divina vindicta per quoddam arbitrium super dissensione inter ducem Brabantie et comitem Flandrensem, quod super sacramento eucharistie sollempniter jurans promisit iustum ferre, pecunia corruptus tulit iniquum, unde frater

---

51) Die Schlacht wurde geschlagen am Samstag den 26. August (2 Tage nach St. Bartholomaeus). Rufus fällt auf den 27., der 23. war ein Mittwoch. — 52) Vgl. oben p. 16. Anm. 27. Vielleicht sind auch die Verse über Holland Böhm p. 527. eingeschoben. Der Verfasser erscheint in dem durchsichtigen Gewande des ‚versificator quidam.' Dieselben Verse über Ludwig finden sich auch in der in einer Würzburger Handschrift befindlichen Fortsetzung der Heilsbronner Annalen, welche aber sonst in Nichts mit Heinrich von Rebdorf übereinstimmen. M. G. SS. XXIV. p. 49: ‚unde quidam metrice inquit: Cesar etc'. — 53) Ermordet wurde Bertrand auf dem Richervelde bei Spilimbergo durch die Leute des Görzer Grafen Heinrich III. unter Führung des Herrn von Spilimbergo.

suus dux Albertus in dominio sibi successit." ⁵⁴) — 10. B. p. 539 a. a. 1351. ‚Anno domini 1351 domina Margaretha, primo obiit anno 1356 mense iunio, relicta domini Ludewici . . .' ‚primo — obiit' ist wohl nachgetragen. — 11. B. p. 546 a. a. 1359. Die Stelle über den gerichtlichen Zweikampf ist sichtlich verderbt. Vielleicht würde man richtig lesen: ‚Eo tempore . . . in civitate Eistetensi est duellum commissum inter dictum Hopferstadt insignem praedonem etc.' Dann wäre eingeschoben: ‚Idem (nicht item) eodem anno — indulsit.' — 12. B. p. 566 a. a. 1359. videlicet marchionis erhielt als Zusatz: ‚hic obiit postea ut supra sub Carolo invenies'.

Es ist von Lorenz ⁵⁵) der Gedanke ausgesprochen, dass vielleicht die ursprüngliche Gestalt des Heinrich von Rebdorf die synchronistische war, wie etwa in den älteren Handschriften des Martin von Troppau und der flores temp. ⁵⁶), so dass die eine Seite des aufgeschlagenen Buches die Päpste, die andere die Kaiser enthielt und vielleicht auch für jedes Jahr eine gleiche Zeilenzahl bestimmt war. Beim Heinrich von Rebdorf ist die Fülle des Stoffes aber bei den einzelnen Jahren sehr verschieden. Die Bezeichnungen: ‚prout infra invenies' ‚ut supra' würden ein sicheres Resultat liefern können, wenn sie sich selbst nicht widersprächen. ⁵⁷) Andererseits ist aber auch zu bedenken, dass der erste Satz der Papstgeschichte im Heinrich von Rebdorf übereinstimmt mit dem letzten derselben Rubrik in den flores temporum, was sich leicht dadurch erklären würde, dass an ein synchronistisch geschriebenes Exemplar der flores sich in derselben Weise der Heinrich von Reb-

---

— 54) Der letzte Satz bezieht sich auf Wilhelm von Holland-Straubing, der jedoch im vorhergehenden gar nicht genannt ist. Der ganze Zusatz scheint vielmehr zum Jahre 1351 zu gehören. — 55) Vgl. a. a. O. I. p. 121. 122 und not. I. — 56) Vgl. M. G. SS. XXIV, 227. — 57) Vgl. z. B. p. 517 a. a. 1328 ‚ut infra' und ‚ut supra' der Kaisergeschichte, von denen ersteres auf einen bei der jetzigen Reihenfolge in den Handschriften vorhergehendes, aber gleichzeitiges, letzteres auf ein ebenfalls vorhergehendes, aber zeitlich später fallendes Ereigniss sich bezieht.

dorf anschloss ⁵⁸). Die jetzige Reihenfolge der Theile der Chronik ist schon oben angegeben. ⁵⁹)

II.
Ausgaben.

Es ist auffallend, dass trotz des lebhaften wissenschaftlichen Strebens, wie es im 16. Jahrhundert in Rebdorf, besonders unter dem Prior Kilian Leib, blühte, der selbst Annalen seiner Zeit schrieb, ⁶⁰) die Chronik aus der dortigen Handschrift nicht herausgegeben wurde. Die erste Ausgabe erfolgte 1600 durch Marquard Freher in seinen: Germanicarum rerum scriptores. Tom. I p. 411—452. Francofurti 1600. Ohne Einleitung, ohne Angabe der Handschrift, aus welcher er seine Abschrift entnahm, gibt er den Text völlig bis 1363, aber leider voll Fehler, so dass manche Stellen ganz unverständlich sind. Es ist oben ⁶¹) wahrscheinlich gemacht, dass er eine jetzt verlorene Handschrift hatte, welche aber auf der Pariser beruhte, für uns also werthlos ist. Während er die Reihenfolge der Stücke, wie dieselben in den Handschriften ist, beibehielt, durchbrach er den Text durch Einfügung folgender Actenstücke: zu 1311 der Spruch Heinrichs VII gegen Robert von Sizilien; zu 1338 die Erklärung des Fürstentages zu Rhense und den Brief der Churfürsten an Benedikt XII, zu 1341 die forma divortii matrimonii per Ludov. IV und die forma dispensationis super affinitatem per Ludov. Imp. Bald darauf (1618) erschien eine zweite (Separat-)Ausgabe: Annales Hainrici monachi in Rebdorff. Nunc ex M. S. Codice Reb-

---

8) Böhmer p. 549 M. G. SS. XXIV, 249. — 59) pag. 13. — 60) Gedruckt in v. Aretin: Beytr. z. Gesch. u. Lit. München 1806. VII. und Döllinger: Mater. z. Gesch. d. 15. u. 16. Jahrhdrts. Regensb. 1862. — 61) pag. 15. 16.

dorffensi emendatiores in lucem editi a Christophoro Gewoldo. Ingolstadii 1618. Gewold hatte die Rebdorfer (jetzt Pariser) Handschrift benutzen können, legte aber nicht diese seiner Ausgabe zu Grunde, sondern druckte von Neuem den fehlerhaften Freher'schen Text — aber ohne die Actenstücke — ab und gibt nur am Rande die Varianten seiner Handschrift an. Da diese aber durchweg richtig sind, so bezeichnet die Ausgabe einen erheblichen Fortschritt.

Die Freher'sche Ausgabe wurde 1634 neu aufgelegt; dann erschien sie 1717 in Strassburg abermals, besorgt von B. G. Struve: Rerum Germanicarum scriptores ex bibliotheca Marquardi Freheri. editio tertia curanto Burcardio Gotthelffio Struvio. Tom. I. Argentorat. 1717. p. 597—644. Diese Ausgabe gibt den Freher'schen Text, aber in noch schlimmerem Zustande, als er schon war; [62]) einige Varianten sind aus Gewold am Rande angegeben, die fünf Actenstücke Frehers beibehalten. Besondere Mühe verwandte Struve auf Angabe der Parallelstellen in Quellen oder späteren Bearbeitungen, ohne jedoch dadurch eine gegenseitige Benutzung nachweisen zu wollen. [63])

So war denn allerdings die Chronik Heinrichs von Rebdorf bekannt gemacht und allgemein zugänglich gewor-

---

62) Es heisst bei ihm pag. 630: ‚Nam primo in partibus ultramarinis inter paganos incepit (scil. pestilentia) et tam gravis, (ut dicebatur) quod ad ducenta milia villae, civitates absque hominibus remanerent.‘ Zu ducenta bemerkt er: deest sine dubio: ‚passuum‘, was in der That wenig Verständniss beweist. — 63) Von dem grossen Fleisse, den Struve gerade hierauf verwendete, zeugt, dass das Verzeichniss, welches er in der Vorrede gibt, sich noch bedeutend vermehren lässt; so verglich er auch: Joh. Latomus, Gundelfingen, Vita Caroli IV, Engelhusii Chronicon, Gobelinus Persona, Froissart, Werner Rolevink, Ursperger Chronik, dann Bucelinus, Leibnitz, Baluze, Serarius, Urstisius, Lehmann, Fabricius, Bonfinius, Crusius, Johannes a Leiden, Goldast, Schöttgen, Jac. Meyer, Krantzius und andere mehr.

den; die Gestalt, in der sie vorlag, entsprach aber auch nicht den billigsten Anforderungen und heischte dringend eine neue Ausgabe. Joh. Friedr. Böhmer bereitete sie für seine Fontes vor, er collationirte dafür im Sept. 1842 in Kloster-Neuburg B. Die Ausgabe selbst zu veranstalten, verhinderte ihn der Tod; jedoch lag der Text bereits ‚druckfertig' vor; da sich hingegen die Notizen für die Einleitung nicht fanden, so musste Huber ganz selbstständig diese herstellen. Die Ausgabe erschien in den: ‚Fontes rerum Germanicarum' herausgegeben aus dem Nachlasse J. F. Böhmers durch Dr. Alfons Huber. Bd. IV. Stuttgart 1868. p. 507—568 und LIX—LXI. Böhmer traf eine andere Anordnung, als die in den Handschriften, er brachte die ganze Kaiser- und ebenso die Papstgeschichte zusammen, woraus sich zwar der Vortheil ergab, dass das Aufsuchen erheblich erleichtert wurde, andererseits wurde aber die Grenze der beiden Theile (1343) ganz unkenntlich gemacht. Dem Texte legte er zu Grunde für den ersten Theil die Handschrift B, nahm jedoch in den Text auch die Zusätze auf, welche sich nicht in B finden, und bezeichnet sie dann in der Anmerkung als Zusätze, öfters setzt er allerdings inconsequent die Zusätze selbst unter den Text. Für den zweiten Theil stand ihm kein handschriftliches Material zur Verfügung; er musste sich damit begnügen auf Grund der alten Ausgaben den Text zu verbessern. Wie in den fontes überhaupt sind die Daten aufgelöst, falsche berichtigt, und hie und da sachliche Bemerkungen eingefügt.

Die Böhmer'sche Ausgabe besitzt als Abdruck der guten Kloster-Neuburger Handschrift ihren hohen Werth, lässt aber nicht eine Neuherausgabe als überflüssig erscheinen, die für den ersten Theil sich vorwiegend auf A, für den zweiten selbstredend — ohne Berücksichtigung der alten Ausgaben — auf C stützen müsste.

III.

Sind ein oder zwei Theile der Chronik anzunehmen?

Da bisher Heinrich von Rebdorf's Chronik unbezweifelt als einheitliches Werk galt, welches innerhalb weniger Jahre verfasst wurde, so bedarf die entgegengesetzte Behauptung, dass sie aus zwei Theilen bestehe, zwischen deren Abfassung ein Zeitraum von fast 20 Jahren liege, einer genaueren Begründung.

Wir zerlegten oben die Handschriften in drei Classen, von denen 2 mit denselben Worten im Jahre 1343 enden, was nicht zufällig sein kann. Würde schon dieser Umstand allein eine Theilung der Chronik vermuthen lassen, so sind die inneren Gründe zwingender Natur.

Breite der Darstellung. Der Stoff bis zum Jahre 1343 ist mager und dürftig; oft fehlen Jahrgänge, aus denen nichts zu erwähnen war; [64] nur in den Jahren 1314 und 1327 bis 1329 der Kaisergeschichte fliesst die Erzählung etwas reichlicher; ebenso erheben sich nur wenige Jahre der Papstgeschichte aus der abgerissenen Darstellung. Der zweite Theil hingegen bietet Jahr für Jahr eine grosse Fülle, die Erzählung ist breiter und eingehender; und zwar beginnt diese Breite sofort mit dem Jahre 1344, während noch vorher die letzten Jahre der Papstgeschichte sehr magere Angaben liefern.

---

64) z. B. 1304—1308. 1320. 1321. 1323 der Kaisergeschichte.

Annalistische Form. Die streng annalistische Form des ersten Theiles [65] wird verlassen, sogleich beginnt der zweite Theil mit einer Episode über die Eichstädter Geschichte, welche bis 1356 reicht, [66]) und an vielen anderen Stellen bringt die Erzählung vorgreifend Nachrichten weit späterer Zeit. [67]) Mitten im Text findet sich auch einmal eine Stelle, welche in die Zeit der Kämpfe zwischen Ludwig dem Bayern und Friedrich dem Schönen uns zurückführt. [68])

Lokalnotizen. Der Charakter eines Schulbuches, eines Kompendiums der Weltgeschichte, wie die flores temporum es sind, und das die Lokalgeschichte nur in soweit behandeln darf, als sie auf die allgemeine Geschichte Einfluss ausübt, tritt im ersten Theile noch unverkennbar hervor; übernimmt er doch einzelne Nachrichten über die Eichstädter Bischöfe sogar aus einer fremden Chronik, der sogenannten Continuatio Hermanni Altahensis tertia [69]); die Erzählung vom Tode des Grafen von Hirschberg ist später hinzugefügt [70]); es bleiben demnach von den Lokal-

---

65) Zwar wird hier regelmässig beim Beginne eines Kaisers oder Papstes die Dauer seiner Regierung angegeben; aber die Erzählung wird damit nicht fortgeführt, ebensowenig, wenn es heisst, dass seit dem Tode Bonifaz VIII. kein Papst mehr seinen Wohnsitz in Rom gehabt habe (B. p. 551 a. a. 1303), oder dass als Strafe für die Gefangennehmung des Papstes Philipp der Schöne vom Pferde gestürzt sei und so sein Leben geendet habe (B. p. 522). Beim Jahre 1314 (B. p. 513) wird eine Charakteristik Ludwigs des Bayern und eine Uebersicht über seine Regierungszeit gegeben, die sich aber durchaus nicht in Einzelheiten einlässt. Eine scheinbare Unterbrechung findet statt in dem Abschnitte, der die Geschicke Friedrichs des Schönen behandelt, der aber, wie oben gezeigt ist, später hinzugefügt ist (cfr. p. 23 n. 10). — 66) p. 524. 525. — 67) vgl. besonders die Episode über Cola di Rienzo p. 559; p. 537 heisst es: ‚Similis terre motus iteratus est 1353' und viele andere Stellen. — 68) B. p. 527 a. a. 1345. — 69) siehe weiter unten bei den Quellen. — 70) siehe oben pag. 24 n. 14.

notizen dem Verfasser als Eigenthum übrig nur die Erzählung des Streites zwischen dem Wormser und Eichstädter Bischofe [71]), die Nachricht von dem Ableben des Bischofs Gebhard von Graisbach [72]) und die Notiz von der Zulassung des Bischofs Heinrichs V Schenk von Reicheneck [73]) zur Verwaltung des Bisthums — Ereignisse, die sämmtlich doch noch wohl mit der allgemeinen Geschichte in Beziehung gesetzt werden können. Eigentliche Lokalnachrichten fehlen ganz, und selbst die Todesjahre der Bischöfe sind, soweit sie nicht aus der Cont. Herm. Altah. tertia entnommen sind, mit Stillschweigen übergangen. Ganz anders ist das im zweiten Theile. Wir erfahren hier nicht nur die Eichstädter Bisthumsgeschichte in einem eigenen Exkurse [74]), sondern eine grosse Zahl von Notizen rein lokalen Interesses finden jetzt auch in der ‚Weltchronik‘ ihren Platz. So hören wir, wie ein Schulrector Violus von einem Eichstädter Bürger erschlagen ward [75]), wie die St. Walburgiskirche bestohlen wurde, und wie es dem Küster dabei erging [76]), wie einzelne Zweikämpfe ausliefen, deren Ort und Datum angegeben wird [77]), ganz abgesehen von den Nachrichten über den Tod von Eichstädter Geistlichen, Bürgern und benachbarten Rittern [78]).

---

71) B. p. 509. 510. a. a. 1298. — 72) B. p. 516 a. a. 1327. In der weitläufigen Beschreibung des Zuges Ludwigs nach Italien heisst es: ‚Ubi pestilentia gravis multos homines interemit, inter quos fuit Gebhardus de Graisbach, episcopus Eistetensis et comes de Seyn nomine Gozibertus‘ Gebhard gehörte zu den getreuesten Anhängern Ludwigs. — 73) Böhm: p. 519 a. a. 1331. Die Zeiten Friedrichs von Leuchtenberg (1328—1329), Heinrich V Schenk von Reicheneck (1329—1344) und Alberts von Hohenfels (1344—1353) waren für Eichstätt so stürmisch, das es auffällt, gar nichts darüber mitgetheilt zu finden. — 74) B. p. 524. 525. a. a. 1344. — 75) B. p. 541 a. a. 1354. — 76) B. p. 545 a. a. 1359. — 77) B. p. 546 a. a. 1359. — 78) B. p. 524 a. a. 1344; p. 525. a. a. 1344; p. 528 a. a. 1346; p. 543 a. a. 1356.; p. 544 a. a. 1357. p. 545 a. a. 1359.

Theilung des Stoffes. Bei der Eintheilung des Stoffes in Kaiser- und Papstgeschichte erhob sich von selbst die Schwierigkeit, wie man nun etwa die Geschichte Frankreichs, Englands usw. behandeln solle. Nach den Ansprüchen der Kaiser auf die Oberherrschaft über die ganze Welt hätte diese Kategorie die ganze Profangeschichte umfassen müssen; allein im 14. Jahrhundert war man längst darüber klar, dass diese Träume nimmer würden verwirklicht werden können; unter die Papstgeschichte konnte man sie aber doch auch nicht füglich subsumiren. Es war also der einzig richtige Weg der, den schon der Metzer Dominikaner eingeschlagen hatte, der neben ‚Kaisern' und ‚Päpsten' eine Kategorie für Frankreich, eine für das griechische Kaiserreich und endlich ein spatium historicum für verschiedene Nachrichten einführte [79]. Auch die Verfasser der Chronik des Heinrich von Rebdorf waren sich über die Vertheilung des Stoffes nicht klar, beide Theile handeln nicht streng consequent; aber während der erste Theil Alles, was nicht in direkter Beziehung zum Papste steht, in die Kaisergeschichte schiebt, vertheilt der zweite den Stoff auf beide Abtheilungen. Bei Ereignissen, welche beide Gebiete gleichmässig berühren, wusste man sich nicht anders zu helfen, als dass man dasselbe doppelt erzählte [80].

Sprache. Es lässt sich auch ein gewisser Unterschied der Sprache nicht verkennen. Im ersten Theile ist sie dürr und kräftig, im zweiten wird sie mit der grösseren Breite der Erzählung weniger knapp, und hie und da ist selbst ein lebhafterer Schwung im Satzbau nicht

---

[79] vgl. M. G. SS. XXIV. tab. I. unten u. die Ausgabe: Chronica universalis Mettensis. p. 502—526. — [80] So erscheint doppelt der Römerzug Ludwigs des Bayern. In gleicher Verlegenheit war man mit dem Kometen von 1337, gehörte er zur Kaiser- oder zur Papstgeschichte? Man liess diesen Streit unentschieden und trug ihn um beiden Anschauungen gerecht zu werden, ruhig in beide ein. B. p. 557 a. a. 1334 u. B. p. 520. 521 a. a. 1337.

zu verkennen [81]). Charakteristisch ist aber für den zweiten Theil die Häufung der Verweisungen: ‚ut supra' ‚ut predicitur' ‚predictus', ‚ut infra invenies' ‚prout supra' u. s. w. **Standpunkt.** Selbst ein feiner Unterschied in der Beurtheilung der religiös-politischen Wirren lässt sich zwischen dem ersten und zweiten Theil erkennen. Da weiter unten näher vom Standpunkt der Verfasser gehandelt werden soll, so sei hier nur bemerkt, dass beide Theile gegen Ludwig sind, der erste aber gemässigter; der zweite Theil hingegen steht auf dem Standpunkte des kanonischen Rechts, welches er zum Massstab der Beurtheilung Ludwigs macht.

IV.

Die Verfasser der Chronik.

1. ‚Heinrich von Rebdorf.'

Das Leben des ‚Heinrich von Rebdorf', dessen Person seit der ersten Ausgabe unzweifelhaft schien, ist am eingehendsten untersucht von dem gelehrten Andreas Strauss, Kanonikus im August. Chorherrenstifte Rebdorf [82]). Er kommt

---

81) Wie sehr hebt sich die Abrundung des Satzbaues und die Anschaulichkeit der Darstellung bei der Erzählung des Todes Ludwigs des Bayern p. 531 von dem ersten Theile ab. Man vgl. damit etwa den Tod Henrichs VII oder in der Papstgeschichte p. 552 unten: anno quinto . . . . Item . . . . Item . . . . Item . . . . Item . . . .

82) A. Strauss: Viri scriptis, eruditione ac pietate insignes, quos Eichstadium vel genuit vel aluit. Eichstadii 1790 p. 167 ff. Ueber Rebdorf handelt sehr eingehend derselbe in seinem Aufsatze: ‚Hist.-topogr.-diplom. Nachrichten v. d. Kollegiatstifte zu Rebdorf bei Eichstädt' in Hirsching's Denkwürdigkeiten f. die Länder-

dabei zu folgendem Ergebnisse: ‚Heinrich von Rebdorf gehörte einem adligen Geschlechte an, was daraus folgt, dass damals nur solche in das Stift Aufnahme fanden [83]). Er verfasste die Fortsetzung des Martinus Minorita, an der er längere Zeit schrieb, und eine andere Frucht seines Fleisses ist das Rebdorfer Nekrologium. Da nach der Unterschrift: „Explicit per manus Heinrici anno 1391 die lune ante corporis Christi" dasselbe erst 1391 fertig wurde, so muss seine literarische Thätigkeit über eine lange Reihe von Jahren sich erstreckt haben'. Die Familie, aus welcher Heinrich stammen sollte, sein Geburts- und Todesjahr zu bestimmen, war Strauss trotz eifrigen Forschens nicht gelungen.

Auch Struve hatte schon vorher kurze Lebensdaten seiner Ausgabe beigefügt und hatte darauf hingewiesen, dass, wie aus der Chronik selbst hervorgehe [84]), der Verfasser 1350 bei Gelegenheit des Jubiläums in Rom und 1361 bei der Taufe Wenzels in Nürnberg war. Das Rebdorfer Nekrologium war ihm hingegen unbekannt geblieben. Ueber die Struve'schen Angaben kam man auch in der Folgezeit im Wesentlichen nicht hinaus; nur Lorenz [85])

---

und Völkerkunde. Leipz. 1792 p. 272—322; danach ist gearbeitet die ‚Gesch. des Klost. Rebdorf.' im Sulzbacher Kalender Jahrg. 1860. — 83) Adlige Abkunft war Bedingung für die Aufnahme in das Stift, bis im Jahre 1457 der reformeifrige Bischof Johann von Eich aus dem Kloster Kirschgarten bei Worms einige bürgerliche Chorherrn nach Rebdorf berief, das damals sehr gesunken war vgl. Suttner: Tabula Leonrodiana. Liber pontificalis p. 17. und Ludewig: Reliquiae manuscriptorum. Tom. II. p. 157. — 84) Böhmer p. 562 a. a. 1350, et tunc ex nimia pressura in ecclesia Sancti Petri me praesente multi sunt suffocati' und p. 547 a. a. 1361: ‚et nota, quod insignia imperialia, que tunc vidi' Vgl. auch den Zusatz p. 520. ‚Er habe im Stifte Ettal viele Reliquien und einen prachtvollen Kirchenschatz gesehen'. — 85) Vgl. Lorenz a. a. O.

fügte hinzu, dass wahrscheinlich der Geschichtsschreiber nicht mehr das Jahr 1369 erlebt habe.

Prüfen wir nun diese Angaben, so wendet sich unser Interesse natürlich zunächst dem zweiten angeblichen Werke des Verfassers, dem Nekrologium, zu. Nach Hirschings Versicherung ‚ist ganz sicher Heinrich von Rebdorf Verfasser desselben.' Glücklicher Weise ist das Rebdorfer Nekrologium oder, besser gesagt, sind die beiden Nekrologien erhalten und befinden sich in Eichstätt [86]). Das erstere, kleinere, aus etlichen 20 Pergamentblättern bestehend, enthält die Anniversarien der Schenkgeber, der Advokaten des Stiftes, dann einzelner Ritter, Eichstätter Kanoniker, Dekane u. s. w., nicht aber die von Stiftsangehörigen. Es trägt am Schlusse mit kräftiger Hand die Unterschrift: ‚Explicit per manus Heinrici Anno 1391 die lune ante corporis Christi'; das andere grössere, welches mit dem andern zusammengebunden ist, enthält die Gedächtnisstage verstorbener Klosterleute, bei denen jedoch nur selten Angaben über Familiennamen oder Lebensnachrichten sich finden. Es finden sich in demselben nicht weniger, als einige 50 ‚Heinrici', von denen 16 mit dem Beisatze: ‚sacerdotis et Canonici' ‚sacerdotis' od. ‚sacerdotis fratris nostri conventus' versehen sind. Nur bei dem Heinricus sacerdos et canonicus, dessen Gedächtniss auf den 8. Febr. fällt, ist das Todesjahr 1350 angegeben. Dass der Schreiber des kleineren Nekrologs mit dem Verfasser der Chronik identisch sei, ist eine Annahme Hirschings, welche sich wohl nur auf die Gleichheit der Vornamen stützt. Dieses Argument ist aber bei dem häufigen Vorkommen des Namen ‚Heinrich' [87]) nicht nur sehr problematisch, sondern auch um so zweifel-

---

86) Herr Diakon Schlecht in Eichstätt hatte die Freundlichkeit, für mich das Nekrolog. zu untersuchen. — 87) Vgl. über Rebdorfer Heinriche auch Beilage I.

loser unrichtig, da alsdann die schriftstellerische Thätigkeit sich über mindestens 42 Jahre müsste erstreckt haben, weil, wie bald gezeigt werden soll, der erste Theil 1348/49 oder vielleicht schon früher, das Nekrologium aber erst 1391 verfasst ist.

Auch die adlige Geburt führt uns nichts weiter. Sie wurde von Strauss allerdings richtig aus der Bezeichnung 'canonicus Rebdorfensis' geschlossen. Gesichert bleibt demnach nur der Vorname 'Heinrich' [88]) und seine Anwesenheit in Rom 1350 und in Nürnberg 1361.

Worauf stützt sich nun aber die Angabe, dass Heinrich Rebdorfer Canonicus war? Das Handschriftenverzeichniss des Stiftes Rebdorf, welches um 1500 geschrieben ist und sich jetzt in der Bibliothek des Eichstätter Priester-Seminars befindet, kennt noch gar keinen Heinrich von Rebdorf, wiewohl doch damals dort die Pariser Handschrift war [89]). Zuerst wird überhaupt von einem Heinrich von Rebdorf gesprochen in der Freherschen Ausgabe von 1600. Die Handschrift oder das Druckmanuscript, worauf die Ausgabe sich stützt, beruht, wie oben nachgewiesen ist [90]), ganz auf der Pariser Handschrift. Die Angaben, welche in jener standen, müssen demnach auch hier zu finden sein. Die Pariser Handschrift nennt aber keinen Verfasser; erst in neuerer Zeit wurde hinzugefügt: 'Annales Hainrici canonici Rebdorfensis' [91]); unter diesem Namen war aber bereits die Chronik herausgegeben, und aus dieser wurde der Name des Verfassers in die Handschrift zurückgetragen. Ebenso geben die Handschriften A u. Aa, B u. Ba nicht den Beinamen oder Wohnort des Verfassers an. Der in Wien aufbewahrte Auszug D hat am Rande hingegen die Bemerkung: 'Heinricus Surdus de Eychset que secuntur addidit' [92]). Die Pariser-Rebdorfer Handschrift enthält 5

---

88) 'Heinrich' nennt sich der Verfasser selbst in der Vorrede p. 507. 508. — 89) Freundliche Mittheilung des Herrn Diakon Schlecht. 90) s. p. 16 Anm. 29. — 91) siehe p. 13. — 92) siehe oben p. 17.

Predigten desselben ‚Henricus Surdus', von denen die letzte in der Ueberschrift verräth, dass Heinrich der Taube Kaplan am Sankt Willibaldschore war [93]).

Aus dem Vorstehenden darf wohl der Schluss gezogen werden, dass auch in diesem Falle, wie so oft, aus der Herkunft der Handschrift irrig der Name der Chronik genommen wurde. Weil Frehers Handschrift auf Rebdorf zurückwies, nannte er die Chronik ‚Heinrich von Rebdorf'. Würde er sie aus Spalt, Herrieden oder Heidenheim erhalten haben, so würden wir heute von einem Henricus Spalatinus, Haserensis oder Heidenheimensis reden.

Diese Beweisführung wird auf's Beste bestätigt durch den Inhalt der Chronik selbst; denn im ersten Theile wird Rebdorf gar nicht genannt, nur eine spätere Anmerkung besagt, dass dort der letzte Graf von Hirschberg begraben sei [94]). Bis 1343 finden sich so wenige Lokalnotizen, dass daraus kein Schluss auf den Abfassungsort gezogen werden kann. Anders ist das im zweiten Theile. Es muss hier gewiss auffallen, dass bei der eingehenden Berücksichtigung der Geschichte Eichstätts auch hier das Kloster Rebdorf gar nicht genannt wird. Während Schenkungen an die Kirchen Eichstätts erwähnt werden [95]), wird der Wohlthäter Rebdorfs nicht gedacht. Während der Tod jedes Eichstädter Bischofs, der einiger Chorherrn [96]), ja der eines einfachen Bürgers [97]) erwähnt wird, ist der Tod des Rebdorfer Propstes Konrad von Hausen [98]) übergangen. Und

---

93) s. oben p. 15. Man könnte daran denken, dass Heinrich als Rebdorfer Kanonikus die Stelle am St. Willibaldschore verwaltet habe oder dass er später Rebdorfer Kanoniker geworden wäre; das St. Willibaldschor war aber nicht Rebdorf inkorporirt, andererseits lässt sich Heinrich schon 1341 und noch 1361 am St. Willibaldschore nachweisen s. unten. — 94) siehe pag. 24. no 14. — 95) vgl. B. p. 524 die Schenkungen Ulrichs von Pfeffenhausen und Heinrich Malso's, p. 528. Heinrichs, Sohn der Guta und p. 543. Berthold von Hagelns. — 96) p. 524 und p. 543. — 97) p. 528. Henricus filius Gutae. — 98) Vgl. hierzu die in Beil.

sollte denn die Geschichte von Rebdorf so arm an Ereignissen sein, das in 20 Jahren nichts vorgefallen wäre, das würdig gewesen wäre, unter die zuweilen doch sehr unbedeutenden Lokalnotizen aufgenommen zu werden? Alles dieses findet seine einfache Erklärung, wenn man den ‚Heinrich von Rebdorf' fallen lässt und in dem Eichstädter Kaplan den Verfasser sieht.

Hat nun aber Heinrich der Taube das Ganze oder nur einen Theil verfertigt? Die oben angeführten Unterschiede zwischen den beiden Theilen sind zwar nicht der Art, dass sie zu der Annahme zweier Verfasser zwingen. Ist doch eine Veränderung der Anlage, eine Verschärfung des Standpunktes nicht unmöglich. Allein ich möchte mich doch für die Annahme zweier Verfasser erklären und Heinrich dem Tauben den zweiten Theil zuschreiben. Erwägt man nämlich, dass der Wiener Auszug und die Pariser Handschrift die einzigen sind, welche den zweiten Theil enthalten, ebenso auch allein den Namen ‚Henricus Surdus' tragen, so wird man dieser Auffassung zustimmen [99]).

Genaueres über den Verfasser des ersten Theiles, als den Vornamen Heinrich und als Wohnsitz die Gegend von Eichstätt anzugeben, ist wohl unmöglich.

2. Heinrich Taube.

Heinrich Taube aus Selbach (Henricus dictus Surdus de Selbach) war Chorherr und Kaplan auf dem St. Willibaldschore in Eichstätt. Hier bestand nämlich ausser dem Domkapitel — in welches nur Adlige, auch

---

gegebene Probstreiche. — [99]) Heinrich dem Tauben möchte ich auch die Noten zum ersten Theil beilegen; es ist für mich dabei massgebend das häufige Heranziehen des kanonischen Rechtes, um danach irgend ein Ereigniss zu beurtheilen, wie das ebenso im zweiten Theile geschieht.

ohne die Weihen empfangen zu müssen, aufgenommen wurden — und dem Stift zu Unserer Lieben Frau — welches der Domherr Marquard von Hageln für eine grössere Zahl von Chorherrn im Anfang des 14. Jahrhunderts gegründet hatte, und das zum Unterschiede vom Domkapitel ‚nova collegiata' genannt wurde [100]) — am Dome noch das St. Willibaldschor mit 6 Chorherren, welche jedoch nicht eigene Vorsteher hatten, [101]) sondern in Gerichtssachen dem Dechanten des Domkapitels unterstanden [102]). Der Bischof Engelhard (1259—1261) hatte den Bau des Willibaldchores, der den meisten späteren Bischöfen als Grabstätte diente, begonnen und die erste Pfründe für 2 Kapläne gestiftet, welche den Namen Chorherren führten. Sein Nachfolger Hildebrand von Mörn (1261—1279) vollendete den Bau, in den am 7. Juli 1269 die Gebeine des hl. Willibald transferirt wurden. 1280 wurde die Zahl der Chorherrn durch Bischof Reimbotto von Mylenhart erhöht, und 1349 sind bereits 6 Pfründen vorhanden. Später stieg die Zahl auf 8, theils bischöflicher, theils päpstlicher Collation, von denen 2 durch Kanoniker besetzt sein mussten, welche der Rechte kundig waren. Die Praebenden scheinen einträglich gewesen zu sein, wenigstens wurden sie in späterer Zeit an verdiente Männer gegeben, um dieselben zu belohnen.

Heinrich der Taube scheint von Geburt ein Franke gewesen zu sein, da er vermuthlich aus Selbach, das in der Landgemeinde Hilders, in der Nähe von Würzburg gelegen ist, stammte. [103]) Er erscheint uns zuerst in den

---

100) J. H. de Falckenstein: Cod. dipl. antiqu. Nordgav. Nro 193. — 101) Vgl. für das Folgende: Julius Sax: Versuch einer Gesch. des Hochstiftes und der Stadt Eichstädt. Nürnberg 1858. — 102) Vgl. Urkunde vom 27. Januar 1324. Reg. boic. VI, 124. — 103) Es ist mir sehr wahrscheinlich, dass Heinrich bürgerlicher Abkunft war; denn einmal habe ich trotz eifrigen Nachforschens ein Geschlecht ‚von Selbach' in jener Zeit nicht auffinden können,

5 Gründonnerstags-Predigten der Jahre 1339, 40, 41, 42 und 43, welche in der Pariser Handschrift enthalten sind.[104]) Zuerst im Jahre 1349 erscheint er in einer Urkunde (vom 5. Mai), worin Bruder Otto von Haideck, Commenthur des deutschen Ordens zu Esslingen, an Berthold von Hageln, Propst des Stiftes zu Spalt, ‚Maister Heinrich, Chorherrn auf dem St. Willibaldschore zu Eichstädt‘, und Herbrand, Vikar auf dem Dome daselbst, seinen Hof zu Hirnstetten um 80 Pfund Heller verkauft.[105]) Aus demselben Jahre (29. Nov.) stammt eine Urkunde, welche in einer Copie im Statutenbuche erhalten ist.[106]) Es ist eine Stiftung von Jahresmessen, welche ‚Hermannus de Nordlingen, Pertoldus Tabellio, Magister Heinricus,

---

andererseits gehören sowohl Heinrich, als sein Bruder Vakmar — [Im Statutenbuch des St. Willibaldschores, über welches ich ganz unbekannte, mir sehr wichtige Mittheilungen vom Herrn diac. Schlecht erhielt. (Vgl. Beilage 2.) heisst es im Nekrologium: (11. Oktober) ‚D. Obiit Vakmarus dyaconus novi Collegii. XXXII. dn.‘ Dann von der Hand des Staphylus: ‚Frater Henrici Surdi de quo supra proximo versiculo. De hoc habetur mentio in lit. E. 19 sdo‘.] — Collegiatstiften an, welche vorwiegend von nichtadeligen Klerikern besetzt waren. Am Willibadschore kommen Hermanus de Nordlingen, Johann von Laugingen, Ulrich von Onoldsbach vor, die aber doch offenbar nicht adlig sind; am Marienstifte kommen vor: ‚Meister Reymocz‘, Chorrichter und Chorherr am neuen Stifte, Heinrich der Dechant, Ulrich der Pfarrer und Heinrich von Gebolzhoven, Chorherrn am neuen Stifte (Reg. boic. VIII, 261.), Ulrich der Oemsinger, Chorherr und Pfarrer auf dem neuen Stift. (Reg. boic. VIII, 366). In den Statuten der neuen Collegiata d. d. 1. April 1318 (cfr. Falckenstein. Cod. dipl. p. 163.) findet sich keine Bestimmung über die Gebuit der Kanoniker. — 104) Dieselben dürften jedoch keine weitere Lebensnachrichten enthalten. Herr Dr. Heller hatte die Freundlichkeit hierauf und auf ev. Anhaltspunkte für Heinrichs Stellung im Streite zwischen Ludwig und der römischen Curie 2 der Predigten durchzusehen, fand aber nichts von irgend welcher Bedeutung. — 105) Vgl. Reg. boic. VIII, 160. — 106) Vgl. Beilage 2.

Conradus Coppo, Conradus scriptor et Albertus dictus iudex Canonici et capellani chori sancti Willibaldi' machen. In einer weiteren Urkunde (24. August 1352), welche der ebengenannte Berthold von Hageln ausstellt und worin er seinen 5 Kindern: Ulrich, Vikar am Dom u. s. w. alle seine liegende und fahrende Habe vermacht, erscheint „Meister Heinrich der Taub, Chorherr zu sand Willebolt' mit dem Eichstätter Chorherrn Heinrich von Westerstetten und 3 andern Geistlichen als Zeuge.[107]) Am 22. Jan. 1360 verpflichten sich Meister Heinrich, Konrad der Kopp, Johann von Laugingen, Johann Tagstetter, Ulrich von Onoldsbach und Albrecht der Richter, Chorherren und Kapläne auf dem St. Willibaldschore, dem Regensburger Bürger Perwinger, den von ihm dem St. Willibaldschor verehrten Kelch zu gebrauchen und aufzubewahren.[108]) Zuletzt erscheint Heinrich in einer Urkunde vom 19. Oktober 1361, wo er als Schiedsrichter vom Bischof Berthold bestellt ist, um den Streit zwischen Hermann von Stauff dem Scholaster und Gerung Truchssess dem Cantor über Rechte und Pflichten der Scholastrie und Cantorie zu entscheiden. Diese Entscheidung traf Heinrich am bezeichneten Tage in Gegenwart des Offizials Reimboto und einiger Priester, welche zum Zeugniss herbeigerufen waren.[109])

Schon die letzte Urkunde beweist, dass Heinrich in nicht geringem Ansehen bei seinem Bischofe Berthold von Zollern stand; weit mehr beweist das aber seine Stellung als Beichtvater desselben.[110]) Ein gutes Stück von der

---

107) Vgl. Reg. boic. VIII, 251. Berthold von Hageln scheint mit Heinrich dem Tauben in nähere Verbindung gestanden zu haben. Vgl. B. p. 543 a. a. 1356. — 108) Vgl. Reg. boic. IX, 3. — 109) Vgl. Reg. boic. IX, 46. Herr M. Mayr hatte die Güte für mich die im k. Reichsarchive in München befindlichen 13 Urkunden (1305—1399) des St. Willibaldchores durchzusehen: in keiner fand sich eine Erwähnung des Mannes. — 110) Im Nekrolog (Theil des Statutenbuches) des St. Willibaldchores heisst es nämlich in der

Bedeutung, welche sein Bischof, der nach Heinrichs Tode selbst Kanzler Karls IV. ward, besass, geht damit auf den chronikschreibenden Beichtvater über. Er begleitete gewiss jenen auf grösseren Reisen, ging mit zu den Reichstagen, denen Berthold häufig beiwohnte; auf dem grossen Hoftage zu Nürnberg (11. April 1361) wenigstens, auf dem der junge Wenzel getauft wurde, waren beide zusammen anwesend. [111]) Besondere Aufmerksamkeit schenkte Heinrich hier dem kaiserlichen Schmucke, den Karl IV. aus Böhmen hatte holen lassen, damit er dem Volke gezeigt werde. Eine andere grosse Reise hat Heinrich unternommen, als er im Jahre 1350 zur Jubelfeier nach Rom pilgerte. [112]) — Seine literarische Thätigkeit erstreckte sich nicht allein auf die Fortsetzung der Chronik und auf die Abfassung von Predigten, seine Feder musste auch der Stiftung, welcher er selbst angehörte, dienen. Er schrieb nämlich ein Fundationsbuch des St. Willibaldchores, welches dem jüngeren Statutenbuch zu Grunde zu liegen scheint und vielleicht noch erhalten sein dürfte. Ueberhaupt war er sehr für diese Stiftung besorgt: er schenkte ihr eine thurmartige Monstranz vom besten Silber mit

---

Rubrik des 9. Oktober: Anno 1364 B. Dyonisius et socii eius Obiit Heinrici Surdi sacerdotis de Selbach XXXII d n. complevit nostrum libellum fundationum, et alia multa bona choro fecit, ac dono dedit turritam monstrantiam optimi argenti, primariis reliquiis cuiuscunque chori Sanctorum admirabilem, de quorum catalogo is ipse libellum confecit in turri eiusdem reconditum. Habet praeclarum Elogium Im Fundb.: fol. 65. Fuit paenitentiarius Episcopi Bertholdi. legavit choro pro anno I libr. hall. C: f. 30 E 43. Item censum Cere E 2. censum 2 sh. N. 1. censum 4 sh. N. 2. Unter der Jahreszahl 1364, welche am Rande ausgeworfen ist, stehen einige mir unverständliche Registraturvermerke. Nur die gesperrten Worte sind ursprünglich, Alles andere ist von dem jüngeren Staphylus im 16. Jahrhdrt hinzugefügt, verdient gleichwohl Glauben (Vgl. Beil. 2.). — 111) B. p. 547. — 112) B. p. 562.

Reliquien der vorzüglichsten Heiligen beider Chöre, worüber ein im Thürmchen aufbewahrtes Verzeichniss Kunde gab. Auch stiftete er nicht allein für sich, sondern auch für seine Eltern reiche Anniversarien. [113])
Gestorben ist er am 9. Oktober 1364, und dass sein Andenken wenigstens bei den Willibaldinern fortlebte, beweist der Umstand, dass noch Staphylus den ihm gewidmeten Nekrolog kannte (Habet praeclarum Elogium im Fundb.: fol. 65.). Die Zeit seiner Geburt lässt sich nicht bestimmen, jedoch mag er wohl in höherem Alter gestorben sein. [114]) Da unter den 6 Kaplänen des Willibaldchores 2 juristisch Gebildete sein mussten, so werden wir wohl nicht irre gehen, wenn wir sie in Albrecht dem Richter und Meister Heinrich suchen. Letzterer führt in den Urkunden den Titel ‚Meister,‘ in der letzten erscheint er als Schiedsrichter, in seiner Chronik finden sich viele Citate aus dem kanonischen Rechte — alles Umstände, welche vermuthen lassen, dass er sich den Magistertitel erworben habe. Da er nun Joh. Andreae's, des berühmten Bologneser Juristen, Tod [115]) erwähnt, auch wiederholt auf diese Stadt zu sprechen kommt, [116]) so mag er vielleicht diese Universität besucht haben.

---

113) Vgl. Anm. 110. In demselben Nekrologium findet sich unter dem 11. Juli: Anno 1360. C. A n n i v e r s a r i u s p a r e n t u m m a g i s t r i h e i n r i c i c o n f r a t r i s dictus Surdi de Selbach XXXII. d n. C. leg. dnro XVI lib. hl. unde empt. poss: in niderkesselberg. C. Fundb. f. 21. C. Infra fol. 16 lat. 2. Ursprünglich ist auch hier nur das gesperrt Gedruckte, das andere von Staphylus ergänzt. Niederkesselsberg liegt in der Nähe von Greding, n. ö. v. Eichstätt. — 114) In den beiden obenangeführten Urkunden, in denen sämmtliche 6 Kapläne des Willibaldchores erscheinen, die ja keine Rangordnung kannten, scheinen sie nach der Zeit der Verleihung der Pfründe geordnet zu sein (excl. den Richter Albert, welcher beide mal am Ende steht; jedoch würde auch dieses noch nicht beweisen, dass Heinrich von den 5. der an Jahren älteste war. — 115) B. p. 527. — 116) B. p. 560.

V.
Abfassungszeit und Standpunkt.

1. **Abfassungszeit des ersten Theiles.**

Der Verfasser des ersten Theiles hat im Grossen und Ganzen nicht nach 1348 und nicht vor 1347, vielleicht aber auch nicht vor 1343 geschrieben. In der Chronik selbst[117]) finden sich hie und da Bezüge auf spätere Ereignisse, welche Anhaltspunkte bieten, die Grenze, vor welche die Abfassung nicht gesetzt werden darf, zu bestimmen. Schon zu Anfang der Chronik[118]) sagt der Verfasser, dass zur Strafe für die Misshandlung Bonifaz VIII. das Geschlecht Philipps des Schönen ausgestorben sei; der letzte Kapetinger starb aber erst 1328. — Die Dauer des Schismas in der Mainzer Kirche wird auf gut 8 Jahre, in der Wormser auf ungefähr 11 Jahre angegeben; dann erst seien die vom päpstl. Stuhle providirten Bischöfe zugelassen; während dieser Zeit habe Baldewin von Trier beide Bisthümer trefflich geleitet. Von 1328 bis 1337 war Baldewin Administrator von Mainz, an dessen Stelle der schon 1328 providirte Erzbischof Heinrich von Virneburg trat; in Worms war nach dem 1329 erfolgten Tode des Bischofs Conrad von Schöneck der Mainzer Domherr Salmann Clemann vom Papste zum Bischofe ernannt, der sich jedoch gegen den Bischof des Kapitels, Gerlach Schenk von Erbach (1329—1332), nicht behaupten konnte. Erst 1343 wurde er vom Kapitel anerkannt[119]). Am meisten greift der späteren Erzählung vor

---

117) Selbstredend kommen die oben als Zusätze ausgeschiedenen Stellen nicht in Betracht. — 118) p. 552 a. a. 1303. — 119) p. 556 a. a. 1330. Baldewin verwaltete aber das Bisthum Worms nur ungefähr ein Jahr (1331). 1332 wurden vom Kapitel als

die Angabe der Regierungszeit Ludwigs des Bayern, welche wie bei allen Kaisern und Päpsten gleich bei Beginn der Regierung angegeben ist. Bedenkt man aber, dass es eine stehende, aus den Papst- und Kaiser-Katalogen entnommene Formel ist: ‚Regnavit annis .. mensibus .. diebus ..' oder einfach ‚Regnavit . . . . .', die wir auch heute öfters gar nicht oder nur theilweise ausgefüllt finden, so kann es ja der Fall sein, dass auch hier in dem Satze: ‚Regnavit annis triginta tribus minus octo diebus' [120]) die Zahl später eingetragen ist, wie wir ja auch das genauere Todesdatum: ‚et obiit anno domini 1347 quinto idus octobris' als jüngere Eintragung nachgewiesen haben [121]). Sollte diese Vermuthung zutreffend sein, so würde die Abfassungszeit bis 1343 heraufgeschoben werden können.

Die andere Zeitgrenze, nach welcher die Abfassung nicht angesetzt werden darf, scheint der August 1348 zu sein. Es wird nämlich bei Gelegenheit des Raubzuges des Königs von Litthauen nach Brandenburg vom Jahre 1327 der schon 1319 erfolgte Tod des Markgrafen Waldemar erwähnt [122]). Würde diese Stelle nach dem Aug. 1348, also nach dem Auftreten des falschen Waldemar geschrieben sein, so würde der Verfasser, wenn er an den falschen Waldemar glaubte, gesagt haben, damals sei Waldemar gar nicht gestorben, und im andern Falle lag es nahe den Schwindler zu erwähnen, der Jahre lang als Waldemar galt. In der That wurde später der Satz eingefügt: ‚Hic videlicet Waldemarus post viginti octo annos reversus est ad terram, asserens se adhuc vivere prout infra invenies sub Carolo quarto' [123]).

Administratoren bestellt: Friedr. von Isenburg, Johann von Lummersheim und Hermann von Schöneck. — 120) p. 513 a. a. 1314. — — 121) s. oben p. 24 no. 21 — 122) p. 516. 517. — 123) s. oben p. 22 N. 3.

2. Standpunkt des ersten Theiles.

Bei der objectiven Darstellung der Ereignisse ist der Standpunkt, den der Verfasser bei Beurtheilung seiner Nachrichten einnimmt, nicht leicht zu erkennen. O. Lorenz sah in ‚Heinrich von Rebdorf' einen unbedingten Anhänger Ludwigs des Bayern, dem Johann XXII. als der eigentliche Schismatiker galt [124]). Der Verfasser des ersten Theiles nimmt einen nach beiden Seiten gemässigten Standpunkt ein, er hebt bei Kaiser und Papst Schatten- und Lichtseiten hervor, wenn es sich auch nicht läugnen lässt, dass die dunkelsten Schatten in seiner Darstellung auf den Kaiser fallen. Ludwig der Bayer galt ihm Friedrich gegenüber als der rechtmässige König, da er durch die Mehrzahl der Wähler erkoren sei [125]); auch lobt er seine männliche Schönheit, Klugheit, Friedensliebe, Thätigkeit, Glück im Kriege und in friedlichen Unternehmungen; wenn er aber seinen geringen Eifer in der Gerechtigkeitspflege und seine Scheu vor anstrengendem, mühevollen Ringen, dem er lieber den augenblicklichen Trost vorziehe [126]), tadelt, so erkannte er richtig die Schwächen Ludwigs und fällte damit das Urtheil, welches heute ziemlich allgemein ist [127]). Weit entfernt die weitgehenden prinzipiellen Anschauungen, welche die literarischen Freunde Ludwigs und in etwas anderer Richtung auch ein grosser Theil des Mino-

---

124) a. a. O. I, 122. — 125) B. p. 512. — 126) Ich glaube so die Worte: ‚sed remissus in executione iustitie et tardus ad laborem, solatia quodammodo libenter querens' B. p. 513 auffassen zu müssen. — 127) Vgl. die Urtheile v. Weechs (Kaiser Ludwig der Bayer u. Papst Clemens VI. Sybel: hist. Zeitschr. XII, 315—346.) Sieg. Riezler's (die literarischen Widersacher der Päpste. Leipz. 1874.) und Carl Müllers (der Kampf Ludw. d. B. mit d. röm. Curie. Bd I. Tüb. 1879.)

ritenordens vertraten, zu billigen, zeigt er vielmehr eine gewisse Antipathie gegen diesen Orden. Das Vorgehen Johannes XXII. gegen denselben in den Constitutionen: „Quia nonnunquam" und „Ad conditorem" scheint er zu billigen und ironisch setzt er hinzu, darob hätte der Orden der Minderbrüder das Lob des Papstes nicht besonders gut gesungen [128]); die Schriften des Marsilius von Padua und Johann von Jandun bezeichnet er geradezu als libri pestiferi [129]). Andererseits äussert er sich auch sehr freisinnig über Johann XXII., dem er vorwirft, er habe die Heiden zum Einfall in die Mark Brandenburg gereizt [130]). und dessen Ansicht über die visio beatifica er als den Anfang von Irrlehre bezeichnet; er habe sich jedoch auf dem Todesbette der zukünftigen Entscheidung der Kirche und seiner Nachfolger unterworfen [131]). Die Verurtheilung des Bischofs von Cahors sei erfolgt, weil Johann, bevor er Papst war, nicht in Frieden mit ihm gelebt habe [132]). Eine entschiedene Verurtheilung aber erfährt die Absetzung Johannes XXII. und die Einsetzung Petrus Raynalducci als Nikolaus V. Er bezeichnet den Bischof von Castello, Jakob

---

128) p. 554. „propter quod predictus ordo fratrum Minorum laudem predicti pape non sincere canebant". — 129) Die Worte an dieser Stelle: „quendam magistrum de Perusiis (bei Gew. u. Freher) (Pysius bei Böhmer) Johannem de Gauduno" haben zu dem Irrthum Veranlassung gegeben, Joh. v. Jandun sei in Perugia geboren. Die Handschrift A hat hier richtig: Parisiis, wenn auch kaum zu lesen. Aa hat einfach: quendam magistrum Johannem. cfr. Riezler a. a. O. p. 55. — 130) p. 517 a. a. 1327. — 131) p. 556. „Que opinio, quia multis displicuit et maxime studio Parisiensi, quod eidem papa super hos suas literas direxit, et multi errores ex ea nutriri videbantur, ipse in agone mortis sue eam revocavit, dicens se huiusmodi opinionem defendisse non animo credendi hec nec assertive, sed propter veritatem investigandam; et submisit dicta sua in predicta opinione future determinationi ecclesie et suorum successorum". — 132) p. 553. Vgl. dazu: Extrav. communes: Divinis exemplis 1. de poenis V, 8. —

Alberti, welcher als Cardinalbischof von Ostia dem Papste die Bischofsweihe ertheilt hatte, und andere als Haeresiarchen [133]. Die Ehe zwischen Raynalducci und der Johanna Mattei und ebenso die Entscheidung des Bischofs von Riete in dieser Angelegenheit wird erwähnt, wobei das Papstthum Nikolaus V. verspottet wird mit den Worten: ‚Hunc (scil. Nicolaum) in honore vel pudore potius tali existentem [134]. Wenn aber nun in der Folgezeit trotz der wiederholten Gesandtschaften und Erklärungen Ludwigs Johann und seine Nachfolger den Bann nicht aufhoben, so hat das wieder in der Gesinnung des Chronisten einen Rückschlag hervorgerufen. Er misst die Schuld, dass auch Benedikt Ludwig nicht wieder in die Kirchengemeinschaft aufnahm, dem Widerstande der Kardinäle und anderen Gründen bei [135]. Der Verfasser hebt auch diejenigen Bisthümer hervor, in denen durch das Nachgeben des Kaisers die Sedisvakanz beendet oder sonst die Verhältnisse geregelt wurden [136]. Das Vorgehen Ludwigs bei Auflösung der Ehe der Magaretha Maultasch wird auch von ihm, wie von fast allen seinen Zeitgenossen, als unrechtmässig bezeichnet [137]. Auch kann er es dem Kaiser nicht verzeihen, dass dieser zu Gunsten seiner Stiftung Ettal manche Klöster ihrer Güter beraubte [138].

3. Abfassungszeit des zweiten Theiles.

Huber hatte in seiner Einleitung zu der Ausgabe in Böhmers Fontes die Zeit der Abfassung des zweiten Theiles (resp. nach seiner Ansicht der ganzen Chronik) ins Jahr 1369 setzen zu müssen geglaubt; Lorenz setzte dagegen das Jahr 1363 an, an welchem wohl festgehalten

---

133) p. 555. — 134) p. 555. — 135) p. 520. — 136) p. 519. p. 521. — 137) p. 523. — 138) p. 520.

werden muss. Heinrich der Taube scheint gegen Ende der fünfziger Jahre mit der Abfassung des zweiten Theiles begonnen und Ende 1362, 1363 oder Anfang 1364 damit fertig geworden zu sein. Da er im Oktober 1364 starb, so scheint der Tod ihn an der Fortsetzung seiner Arbeit gehindert zu haben. Ein Anderer fügte nach 1369 einen kurzen Absatz hinzu [139]).

Gleich zu Anfang des zweiten Theiles wird in einem Excurse die Eichstätter Geschichte bis anderthalb Jahre nach dem Tode des Bischofs Albert von Hohenfels (12. Jan. 1355) fortgeführt [140]). Ganz abgesehen von einer Reihe anderer Stellen [141]), welche über das Jahr 1356 nicht hinausführen, erwähne ich nur, dass in dem Berichte über die Schlacht bei Crecy der damals neu gewählte König Karl IV. bereits als „postea factus imperator" bezeichnet wird, wozu er im Jahre 1355 gekrönt wurde [142]). Aus diesen Angaben folgt, dass mit der Abfassung des zweiten Theiles nicht vor 1356 begonnen sein kann; das grössere Stück, mindestens von 1352 an, ist aber erst Ende 1362 geschrieben. Beim Beginne des Pontifikates Innocenz VI. nämlich wird die Dauer desselben genau angegeben und der Tod des Papstes richtig auf den 12. September 1362 gesetzt [143]). — Nach dem Tode Baldewins von Trier folgte Bohemund auf dem erzbischöflichen Stuhle, der dann Mai 1362 resignirte. An seine Stelle trat am 29. September desselben Jahres Kuno von Falkenstein, was Alles schon zum Jahre 1354 bemerkt wird. Da die Prophezeiungen eines in der Astrologie erfahrenen Minderbruders auf das Jahr 1365 über den Antichristen u. s. w. vom Chronisten genau berichtet werden, so muss diese Stelle vor 1365 geschrieben sein [144]). — Der letzte Abschnitt von den Wor-

---

139) Ueber den Abschnitt: ‚Et idem Meinhardus — hodie possident' siehe oben p. 14 — 140) p. 524. — 141) p. 526. 559. 557. — 142) p. 529. — 143) p. 563. — 144) p. 565.

ten: ‚Et idem Meinhardus postea' bis ‚usque ad metas, prout hodie possident' kann erst nach dem 29. Sept. 1369 geschrieben sein, da des Friedens von Schärding darin Erwähnung geschieht.

4. Standpunkt des zweiten Theiles.

Es ist schon oben gesagt, dass Heinrich der Taube ein schärferes Urtheil über Ludwig den Bayern fällt, als dieses der Verfasser des ersten Theiles gethan hat. [145]) Dieses ungünstige Urtheil gründet sich nicht allein auf eine Abneigung gegen die Person Ludwigs, sondern der Standpunkt selbst, den der Kaiser dem Papste gegenüber einnimmt, wird angegriffen. Gelegentlich verschärft er die Urtheile, welche im ersten Theile standen, durch Hinzufügung von Anmerkungen. Er misst die Handlungen des Kaisers an den Bestimmungen des corpus iuris canonici ab, und dass dabei Ludwig schlecht wegkommt, ist selbstredend. Karl IV. tritt daher von dem Augenblicke seiner Wahl ganz in den Vordergrund der Darstellung, und Ludwigs wird nur insoweit noch Erwähnung gethan, als es ihm gelang, der Ausbreitung der Macht seines Widerparts hie und da eine Schranke zu setzen. Ludwig wird zunächst vorgeworfen, dass er seine Stammlande übermässig besteuert habe, ohne, wie es seine Vorgänger gethan, die andern Reichslande heranzuziehen: er habe auch ganz gegen den alten Brauch seit seiner Kaiserkrönung die meiste Zeit in Bayern zugebracht. [146]) Der jähe Tod Ludwigs wird als verdiente Strafe bezeichnet, da er in den letzten Regierungsjahren die Armen bedrückt, die Rechtspflege vernachlässigt und Spitäler, Klöster, Kirchen, Welt- und Ordensgeistliche bedrängt habe. [147]) Der Befreiung

---

145) Vgl. oben p. 36. — 146) p. 526. — 147) p. 531. ‚Et sic notabiliter divina plaga interiit, non sine causa, quia aliquot annis ante obitum suum officiis et iudiciis suis preposuit tyrannos

der Söhne und Anhänger Ludwigs vom Banne schenkt er genaue Aufmerksamkeit, wenn auch die Erneuerung des Bannes gegen den Markgrafen Ludwig von Brandenburg (Mai 1350) nicht erwähnt ist. Die Formel, welche die Anhänger Ludwigs, um vom Banne befreit zu werden, beschwören mussten, ist in den beiden Hauptpunkten, welche die prinzipiell wichtigen Sätze enthalten, angegeben. [148]) Die erste Formel lautet: ‚se credere, quod non spectat ad imperatorem papam deponere et alium creare, sed hoc esse hereticum.' Er zieht dabei ein Kapitel des decretum Gratiani heran, in welchem es heisst: ‚sancta haec et universalis synodus statuit atque jure promulgat, neminem laicorum principum vel potentum semet inserere electioni vel promotioni patriarchae, vel metropolitae, vel cujuslibet episcopi. [149]) Zu der zweiten Formel: ‚quod deinceps nulli ut imperatori obedirent, nisi prius foret per ecclesiam approbatus,' welche er ausdrücklich als gegen die Beschlüsse von Rhense gerichtet bezeichnet, citirt er eine Glosse zu den Clementinen. Zu der trefflichen Charakteristik Ludwigs im ersten Theil [150]) fügt der Eichstätter Chorherr hinzu: ‚dicitur XIII. q. V. C. Rex debet filios suos non sinere impie agere, quod ipse non bene servavit.' — Als Ludwig den Gegenpapst aufstellt, führt der Verfasser des zweiten Theiles einen Canon aus dem decretum Gratiani an, das in aller Schärfe einen Papst, qui pecunia vel populari seu militari tumultu apostolicae sedi est inthronizatus, als Apostaten bezeichnet. [151]) Eine andere Bemerkung nimmt den Papst Johann gegen den

---

et excoriatores pauperum . . . . . Et sic non absolutus a sententiis excommunicationis . . . . . miserrime expiravit.' — 148) Vgl. das Schreiben des Papstes Clemens VI. an Balduin von Trier d. d. 15. Febr. 1348. Punkt 2 und 7. — 149) Decret. Grat. c. 2. D. LXIII. — 150). c. *Romani principes 1.* de jurejur. II. 9 in Clement. u. p. 513. — 151) p. 555. cfr. Dec. Grat. c. 9. D. LXXIX.

Vorwurf, er sei ein Haeretiker (wegen seiner Meinung über die visio beatifica), in Schutz, indem er auf das decretum Gratiani hinweist, welches sagt: ‚Sed qui sententiam suam quamvis falsam ac perversam, nulla pertinaci animositate defendunt, praesertim quum non audacie suae praesumtionis peperunt, sed a seductis atque in errorem lapsis parentibus acceperunt, quaerunt autem cauta solicitudine veritatem, corrigi parati, quum invenerint, nequaquam sunt inter haereticos deputandi'. [152]) — Die Wahl Günthers wird eingehend berichtet; es erscheint Heinrich lächerlich, dass sich dieser die königliche Gewalt anmasse, da doch Karl ihn an Reichthum und Ansehen weit übertreffe und auch mit grösserem Rechte seinen Titel trüge. [153]) In der Geschichte der Päpste entwirft er ein ungünstiges Bild von Clemens VI., zu dessen Zeit am päpstl. Hofe die Simonie geherrscht habe; [154]) auch habe er die h. Weihen ausser den festgesetzten Zeiten ertheilt. [155]) Ebenso wird das Gerücht erwähnt, dass der Papst und einige Cardinäle um die Ermordung des Königs Andreas von Neapel gewusst hätten, was um so mehr Glauben gefunden habe, da der Papst die Königin Johanna mit Ludwig von Tarent vermählt habe. [156]) Günstiger lautet das Urtheil, welches er über Innocenz VI. fällt; er habe mit Strenge und Gerechtigkeit die Simonie und schlechte Handlungsweise, welche zur Zeit seines Vorgängers herrschte, abgeschafft, auch habe er in der Verleihung kirchlicher Benefizien eine Reform eintreten lassen. [157])

---

152) p. 556. cfr. Dec. Grat. c. *Dixit apostolus.* 29. c. XXIV (nicht XXIII, wie in den Drucken). — 153) p. 535. — 154) p. 558. 155) z. B. p. 558. — 156) p. 559, 560. — 157) p 563, 564.

VI.
Quellen.

Wenn auch der Verfasser des ersten Theiles unserer Chronik von den flores temporum die äussere Form herüber nahm, so macht sich doch ein doppelter Unterschied zwischen diesen und der Fortsetzung geltend: einmal war der Zweck, den beide verfolgen, ein verschiedener, zweitens benutzten die beiden im Wesentlichen anders geartetes Material; denn der Verfasser der flores [158]) wollte ein Schulbuch für den Unterricht, ein Handbuch für den Prediger liefern, damit dieser in seinen Predigten die Zeit der Heiligen, welche er erwähnt, richtig angeben könne; die Fortsetzung wünscht eine andere Leserwelt, sie will allgemein der Nachwelt die Kenntniss der Vergangenheit übermitteln; hierzu will der Verfasser, wie die arme Wittwe der Bibel, [159]) sein Scherflein beitragen. [160]) Damit ist sofort auch der Unterschied des Materials gegeben: die flores, welche meist fernliegende Ereignisse behandeln, konnten ja nur schriftliche Quellen benutzen, selbständige Nachrichten sind nur wenige zu finden; dem Fortsetzer standen hingegen nur wenige schriftliche Quellen zu Gebote, die Hauptsache ist aus umgehenden Erzählungen und Berichten niedergeschrieben. An schriftlichen Quellen kann ich abgesehen von den in den päpstlichen Constitutionen enthaltenen Angaben nur nachweisen die Continuatio Hermanni Altahensis tertia.

---

158) Vgl. M. G. SS. XXIV p. 230. — 159) Vgl. Mark. 12, 41. — 160) B. p. 507., Post premissa igitur cupiens duo aera minuta mittere in gazophylacium, gesta suprascripte materie continuando, prout in quibusdam scriptis et authenticis et etiam minus authenticis legi et a personis fide dignis audivi, contexere tele prehabite ego Heinricus licet insufficiens sum conatus, pro memoria preteritorum eo amplius conservanda.'

Corpus iuris canonici und päpstliche Constitutionen.

Dass der Verfasser des ersten Theiles gediegene juristische Kenntnisse besass, beweisen die zahlreichen Citate aus dem corpus iuris canonici. Er führt mehrfach den liber sextus und die Clementinen an, ausser diesen päpstlichen Constitutionen, welche sich jetzt in den Extravagantes Johannis XXII.[161]) und den Extravagantes communes [162]) befinden, und zwei Constitutionen Benedikts, welche später nicht in die letztangeführte Sammlung aufgenommen wurden.[163]) Auch das decretum Gratiani wird citirt, aber an einer, wie es scheint, eingeschobenen Stelle.[164]) Dem Verfasser war demnach die Sammlung der Extravagantes Johannis noch unbekannt, wiewohl sie im Jahre 1324 festgestellt wurde, und 1326 Zonzelinus de Cassanis eine Glosse dazu schrieb.[165]) Diese Citate dienen aber wohl nicht ausschliesslich dazu die rechtliche Seite einer im Texte behandelten Frage zu beleuchten — das ist im zweiten Theile der Fall — wir dürfen wohl weiter gehen und in ihnen eine eigentliche Quelle für die sachlichen Angaben in der Chronik, besonders in der Papstgeschichte, suchen. Die Angaben in der Lebensgeschichte Bonifaz VIII. z. B. lassen sich, abgesehen von den chronol. Angaben und der Geschichte des Streites mit Philipp dem

---

161) Es sind das: ‚*Execrabilis*‘ p. 554 (jetzt c. *Execrabilis* de praeb. III apud Joh. XXII.), ‚*Quum inter nonnullos*‘ p. 554 (jetzt c. *Quum inter* de verb. signif. XIV ap. Joh. XXII.), ‚*Quia nonnunquam*‘ p. 554 und ‚*Ad conditorem*‘ p. 554. — 162) Constitutio: ‚*Detestandae*‘ p. 551 (jetzt c. *Detestandae* 1. de sepulturis III, 6 in Extrav. comm.), ‚*Super cathedram*‘ p. 551 (jetzt c. *Super cathedram* 2 de sepulturis III, 6 in Extrav. comm.) — 163) ‚*Ceca cordis*‘ und ‚*Benedictus deus*‘ cfr. Bullarium magnum Romanum p. 217. — 164) pag. 531. ‚Nosco primogenitum Satane‘. Que verba ponuntur in canone XXIIII (richtig: XXXIII) p. 1. ‚*Omnis qui recedit*‘. — 165) S ch u l t e: Das kath. Kirchenrecht. Bd. I, 350. Giess. 1860.

Schönen, recht gut aus den päpstlichen Constitutionen entnehmen. Die Benutzung derselben zeigt klar eine Stelle auf p. 550: „Anno primo revocavit omnes gratias de ecclesiasticis beneficiis factas per duos immediatos antecessores suos, Nicolaum quartum et Celestinum quintum, ut patet De concess. preben. c. *Quoniam.* lib. VI.' Die citirte Constitution ist aber nicht etwa die ‚revocatoria' selbst, es heisst nur in ihrem Texte: ‚Quoniam ex constitutione nostra, per quam paulo post promotionem nostram ad summi Pontificatus apicem omnes collationes, provisiones . . . . . super canonicatibus . . . . . et aliis quibuscunque beneficiis ecclesiasticis vacaturis, a felicis recordationis Nicolao Papa IV. et Coelestino V. praedecessoribus nostris factas sive concessas . . . . . cassavimus' [166]) Auch bei Benedikt XI. und Clemens V. scheint ein Theil auf derselben Quelle zu beruhen, und selbst bei Johann XXII. dürfte das hin und wieder der Fall sein.

Da bei den ersten Päpsten gleichmässig nur Wahljahr und Regierungsdauer angegeben ist, so liegt es nahe, die Benutzung eines Papstkataloges anzunehmen; allein die Angaben enthalten zu viel Unrichtigkeiten, so dass anzunehmen ist, dass sie aus dem Gedächtniss niedergeschrieben sind unter Beibehaltung der in den flores temporum üblichen Form.

Continuatio Hermanni Altahensis tertia.

Die Verwandtschaft einiger Nachrichten in der Continuatio Hermanni Altahensis tertia [167]), den Annales Ha-

---

166) Zu 1297 vergleiche c. *Ad succidendos* 1. de schismat. in 6. V. 3. Auch bei 1298 und 1299 ist die Benutzung wohl nicht zu bezweifeln. — 167) Die Bezeichnung dieser Chronik (B ö h m e r: fontes. III, 553—560 und M. G. SS. XXIV, 53—58) als Fortsetzung des Hermann von Altach scheint mir nicht ganz sicher zu sein. Zwar folgt in der einzigen Handschrift, welche erhalten ist (Wien Nr.

lesbrunnenses majores [168]) und dem ersten Theil des ‚Heinrich von Rebdorf' ist auf den ersten Blick einleuchtend. Waitz suchte die gemeinschaftliche Quelle dieser Uebereinstimmung in den Annalen des fürstenfelder Abtes Volkmar, und zwar vertritt er dabei die Ansicht, dass Heinrich von Rebdorf direkt seine Angaben dem Volkmar entnommen habe, nicht sie durch die Vermittelung der Contin. Hermanni Altahensis tertia erhalten habe [169]). Dieser Ansicht kann ich mich nicht anschliessen. Mir ist es wahr-

---

3358, früher Rec. 3087) und die dem 15. Jahrhdrt angehört, sie auf den Hermann v. Altach. Ob aber auch ausserhalb dieser Handschrift das der Fall war, ob die Chronik in der Absicht geschrieben war, eine Fortsetzung des Hermann zu liefern, ist mir sehr zweifelhaft. Denn die Handschrift ist offenbar ein Sammelcodex, welche Collektaneen in chronologischer Weise mit einander verbindet. Vor 1179 sind nur Angaben über die Gründung einiger bayrischer Klöster, denen der Hermann v. Altach folgt, Anfangs ungenau, dann immer wörtlicher. Auf die sich anschliessende Fortsetzung folgen dann sehr sporadische chronol. Notizen zu 1304, 1307, 1309, 1311. 1347, Familiennachrichten aus dem Hause Kaiser Karl IV. und kurze Annalen von 1377—1452. In dieser chronologisch geordneten Sammlung endet Hermann (wie auch sonst) mit dem Jahre 1273; mit demselben beginnt auch die sog. Fortsetzung; das nächste Jahr aber, welches erwähnt wird, ist 1277, 1290, 1291, und dann folgen Jahr auf Jahr bis 1303. Es findet sich also aus 17 Jahren (1273—1290) nur bei 1277 eine Nachricht (abgesehen von 1273). Diese Ungleichheit fiel auch dem Schreiber unserer Handschrift auf; er liess nämlich nach dem Schlusse Hermann v. Altach's einen Raum von leergelassenen Jahresrubriken frei, bis auf fol. 35. b die Nachrichten zu 1273 beginnen. Es bestand demnach wohl keine Verbindung zwischen den beiden Stücken; diese herzustellen war der Schreiber unserer Handschrift bemüht. Ob die sogenannte Fortsetzung vielleicht früher mit dem Jahre 1290 begann und in welchen Zusammenhang mit andern Geschichtswerken sie gesetzt werden muss, wenn sie nicht etwa selbständig war, möchte ich nicht entscheiden. — 168) SS. XXIV, 42 ff. — 169) Zugleich mit Waitz (M. G. SS. XXIV, p. 42 und p. 53) untersuchte die fürstenfelder Geschichtsquellen Martin Mayr, auf des-

scheinlich, dass die Quelle Heinrichs von Rebdorf die Continuatio war, diese aber auf Volkmar beruht; denn der sprachliche Ausdruck im Heinrich von Rebdorf stimmt ziemlich genau mit dem der Continuatio überein, weicht hingegen von dem der Heilsbronner Annalen und den andern aus Volkmar geschöpften Quellen so völlig ab, dass, falls alle diese, auch der Heinrich v. Rebdorf, direkt aus dem Volkmar geflossen wären, man zu der Annahme gezwungen wäre, dass Volkmar nahezu wörtlich enthalten wäre in der Continuatio und der Rebdorfer Chronik, in freiester Bearbeitung hingegen in den Ann. Halesbrunnenses und den anderen Werken. Betrachtet man aber z. B. die Erzählung des Judenmordes von 1298, so zweifle ich nicht, dass hier der breitere Text der Heilsbronner Annalen, der Continuatio Ratisbonensis und des Aventin dem

sen Abhandlung: ‚Zur Kritik älterer fürstenfelder Geschichtsquellen aus dem 36. Bande des oberbayrischen Archives. 1877.' ich für das Einzelne hier verweise. Er kommt zu dem Ergebniss, dass in Fürstenfeld von den Aebten Volkmar (1284—1314) und Heinrich von München (1314—1324) werthvolle Annalen verfasst wurden, welche abgesehen von einigen kleineren Quellen (Anonymi Fürstenfeldensis breve Chronicon Bavariae bei Oefele: SS. II, jetzt auch M. G. SS. XXIV, p. 74, 75, Anonymi Monachi Bavari compilatio chronologica rer. boicarum ab. anno 1000—1388 bei Oefele: SS. II, einem fürstenfelder Mönche des XVI. Jahrhunderts bei Roeckl: Beschreibung von Fürstenfeld), von Veit Arnpeck in seinem Chron. Baj. bei Pez: Thes. III, von der chronica de gestis principum (Böhmer: fontes. Band I) und namentlich von Aventin (Ann. Baj.) benutzt seien. Die gleichzeitig von Waitz entdeckten Heilsbronner Annalen waren damals noch nicht edirt. Mit Volkmar setzt Waitz ferner noch in Verbindung die Contin. Herm. Altah. tertia und den Heinrich von Rebdorf. Es ergibt sich daraus, dass die fürstenfelder Annalen viel benutzt waren. Auch die Regensburger Fortsetzung des Hermann von Altach (SS. XVII) enthält einige verwandte Nachrichten. Weiter unten wird sich ergeben, dass Heinrich der Taube eine vereinzelte Erzählung aus den Annalen des Abtes Heinrich entnahm, wiewohl er ja durch deren Einfügung die chronologische Ordnung stören musste.

Volkmar näher steht, obwohl die beiden andern fast auf das Wort übereinstimmen. Das lässt sich nicht anders erklären, als dass man das Verhältniss der Continuatio und des Rebdorfers so fasst, wie es oben geschehen ist [170]). Durch-

---

170) Henr. de Rebdorf. p. 510. ‚Eodem anno ex permissione dei Judei in Nurenberch, Herbipoli, Rotenburch, Winsheim, Mirgaicheim, Eistet et in Perching cremati sunt.' Cont. Herm. Alt. tertia SS. XXIV, 56: ‚Eodem anno ex permissione dei et ulcione divina Judei qui inventi sunt in Nuernberg, Wierzpurg, Rotenburg, Windishaim, Mergetaim, Ascania et in Perkhin omnes cremati sunt cum parvulis et mulieribus, quia ipsi multiformiter de recenti offenderant dominum Jesum Christum.' Annales Halesbrunnenses maiores. SS. XXIV, 46: ‚Eodem anno rustici et vulgares populi audientes, sacramenta corporis dominici per Judeos fidei inimicos circa partes Franconie sive Francie orientalis in suis latibulis profanari, uno animo et eadem inspiracione moti, per se, nullum nullo angariente aut compellente undique conveniunt et primo circa regionem in parvis opidis, deinde in Herbipoli, Nueremberg, Rotenburg et ceteris usque in civitatem Amberg Babarie ipsos Judeos in castris et edificiis munitissimis obpugnantes, cede et incendio cogunt proprio interire'. Continuatio Ratisbonensis. SS. XVII, 419: ‚Eodem eciam anno exorta est fama quedam de Judeis, quod corpus dominicum in mortario contuderint, et sanguis in multa quantitate emanaverit, qui postea a Judeis non poterat occultari. Et ob hoc omnes Judei in Herbipoli, Nuernberch, Rotenburch et eciam per totam Franconiam per insultum populi et quosdam, qui se in magna multitudine collegerant, et quendam, qui Rintflaisch dicebatur, quem pro principe elegerant volencium vindicare tam recentem iniuriam Salvatoris, incendio sunt cremati. Et adeo valida fuit eorum persecucio, quod eciam castrum regale in Nuernberch, castrum ..... prope Novum forum, ut de aliis opidis Franconie taceam, in quibus se Judei cum armis defensionis, coniunctis christianis non paucis, receperant, sint in brevi diei spacio expugnata; et tam ipsa castra quam Judei et christiani ibidem incendio perierunt. Et quod durum est dictum, licet durius est facto, Judei — flammarum voragini tradiderunt. Et apud Babbenberch et eciam Emberch contigit illud idem. Cives tamen Ratispouenses — usque hodie incendium evaserunt.' Aventin: Annales Boj. (edit. Basil. a. 1580) p. 589: ..... Credit vulgus,

schlagend ist ferner der Umstand, dass von dem Jahre 1304 ab, mit dem die Continuatio schliesst, sich beim Heinrich von Rebdorf keinerlei Verwandtschaft mit den Annales Halesbrunnenses majores und den übrigen auf Volkmar beruhenden Quellen mehr zeigt, dass vielmehr jener in den Jahren 1304—1314 — und so weit reichte ja nach Aventins Zeugniss zunächst das Buch Volkmars — überaus dürftig ist. Auch in den folgenden Jahren bis 1324, welche der Abt Heinrich behandelte, findet sich keine Verwandtschaft.

Dem Verfasser des ersten Theiles des Heinrich von Rebdorf lag also die Continuatio Hermanni Altahensis tertia vor; jedoch nahm er sie nicht ganz herüber, sondern nur etwa die Hälfte, wobei er selbst Thatsachen übergieng, die das Interesse eines Eichstätter Geschichtschreibers wohl näher berühren. Die Art und Weise der Benutzung zeigt am Besten ein Vergleich der Jahre 1297.

Contin. Herm. Alt. tertia p. 55, 56.	Henr. de Rebd. p. 508.
Anno 1297. Coronatur rex Bohemie Wenczeslaus cum ipsa regina Guta, que erat in puerperio, a Gebhardo Maguntinensi archiepiscopo in festo penthecostes. Interfuerunt autem hii principes: dux Albertus Austrie, Pulko dux de Polan,	Anno domini 1297 in festo pentecostes Wenzeslaus rex Bohemie cum Guta regina sua uxore, tunc in puerperio existente, coronatur a Gerhardo de Eppenstein archiepiscopo Moguntinense. Cui coronationi interfuerunt Albertus dux Austrie, Pulcho dux

centuriatim provolat, ducem! Rindflaisch sequitur, fit tumultus, nemine opem ferente frustra Judacis quiritantibus. Wirzburgii, Mergethaimii, Norinbergae, in Neuenmarckt, Rotenburgii. Bambergae, Ambergae, in Panrchin, in Wildenstain, aliis oppidis antiquae Franciae, atque Bojariae, Hebraei u. s. w.

Otto marchio de Brandenburg. In eodem convivio tractatum est de *depositione* regis Adolfi, quod eciam sequenti anno adimpleverunt. Transacto convivio obiit regina. Eodem anno Stephanus dux Bavarie, frater Ottonis ducis, duxit filiam Pulkonis de Polan in uxorem, celebratis ibidem nupciis. Eodem anno obiit Rumboto Ascaniensis episcopus ante *festum sancti Bartholomei*. Cui successit Conradus Pfeffenhauser canonicus *Ratisponensis*.

Polonie, Otto marchio de Brandenburch, et alii principes quamplures. Et in eodem convivio tractatum est de *nece* regis Adolfi, quod sequenti anno extitit adimpletum. Eodem anno et proximo die *ante festum beati Augustini* obiit venerabilis pater dominus Reymboto de Meilenhart episcopus Eistetensis, cui successit Conradus de Paffenhausen canonicus *ibidem*.

Die cursiv gedruckten Worte zeigen, dass der Verfasser nicht immer genau die Worte der Continuatio herübernahm, sondern hie und da meist unglückliche Verbesserungen anbrachte.

In der Vorrede sagt zwar der Verfasser, dass er von glaubwürdigen Personen Manches gehört habe, namentlich führt er jedoch keinen Gewährsmann an. Bei der Erzählung des Römerzuges, die wahrheitsgetreu und ungewöhnlich genau ist, wird man denselben suchen dürfen in dem Gefolge des Eichstätter Bischofs Gebhard von Graisbach, der am Zuge Theil nahm und vor Pisa starb.

2. Quellen des zweiten Theiles (und der in den ersten Theil eingefügten Bemerkungen).

Heinrich der Taube benutzte für den zweiten Theil: den liber pontificalis Eystettensis, die Aufzeichnungen des

Michael Judde von Löwen (Michael Herbipolensis), den Bericht des Ritters Schönfelder über die Schlacht bei Crecy, die Fürstenfelder Annalen des Abtes Heinrich und eine Eichstätter Inschrift. Ausserdem citirt er das corpus iuris canonici, ein novum passionale, das Rationale Guilelmi und eine Rede des Papstes Clemens VI.

Liber pontificalis Eystettensis.

Der sogenannte liber pontificalis Eystettensis [171]) enthält eine fortlaufende Reihe von gleichzeitigen Bischofs-

---

[171]) Eine sehr ausführliche Beschreibung des liber pontificalis gibt Bethmann in Pertz, Archiv IX, 562—574. Der liber pontificalis wurde auf Befehl des Bischof Gundekar II. 1071/72 geschrieben und enthielt Anfangs nur liturgische Sachen, Gesänge mit Noten, astronomische Regeln, Kalendarien u. s. w. Schon damals liess Gundekar die Bildnisse seiner 18 Vorgänger mit Angabe der Namen hinzufügen. Bald gab man diesen, wie bei den folgenden Bischöfen, Angaben über die Regierungszeit und das Todesjahr bei. Bis zum Bischofen Reimboto v. Mylenhart (1279—97) blieb es so. Dieser erste Theil des Bischofskataloges wurde gemeinsam mit den übrigen historischen Eintragungen, als Nekrologien, Bischofsreihen, Verzeichnissen anderer Art von Bothmann in den M. G. SS. VII, 239—253 veröffentlicht. Ein völlige Veränderung veranlasste der Biograph des Bischofs Reimbotto; aus dem illustrirten Bischofskataloge wurde eine Reihe von illustrirten Lebensbeschreibungen. Jeder Biographie wurde das Bildniss des Bischofs (später Darstellungen von Handlungen mit portraitartiger Genauigkeit) hinzugefügt, nur die letzten Biographien vom Bischofe Christoph von Pappenheim (seit 1535) an entbehren dieses Schmuckes. Die Beschreibung dieser für die Kunstgeschichte jedenfalls sehr werthvollen, bisher leider fast ganz unbekannten Gemälde bei Bethmann erregt den Wunsch, sie in Nachbildungen zu sehen. Die Lebensbeschreibungen, welche bis 1697 fortgeführt sind, wurden bis zum Jahre 1496 von dem Eichstätter Domkapitular J. G. Suttner 1867 veröffentlicht in seiner Festschrift zur Weihe des Bischofs Fr. Leop. Frhrn. v. Leonrod: Tabula Leonrodiana Eystettensis explicata et illustrata. Accedunt vitae pontificum Eystettensium etc.; leider wurde diese Veröffentlichung fast ganz übersehen. Charakteristisch für alle veröffentlichten Biographien ist: Es ist zunächst eine offi-

biographien. In den Wirren, welche die Kämpfe Ludwigs des Bayern mit der Curie zur Folge hatte, war man nicht dazu gekommen, das Leben der Bischöfe Gebhard von Graisbach (1324—1327), Friedr. v. Leuchtenberg (1328 —1329), Heinrich Schenk v. Reicheneck (1329—(1340) 1344) und Albert v. Hohenfels (1344—(1351)1355) in das Pontifikale einzutragen. Dieses nachzuholen, wurde ein Mann beauftragt, der in trefflichster Weise sich seiner Aufgabe entledigte. Unparteiisch, klar und genau ist seine tüchtige, wenn auch knappe Darstellung der verwickelten Verhältnisse.

zielle Geschichtschreibung, die wir vor uns haben; das Buch, in welches die Lebensbeschreibungen geschrieben wurden, war recht eigentlich für den Gebrauch des Bischofes bestimmt. Es ist daher in den meisten Viten nicht die volle Wahrheit zu suchen, manches ist allerdings verschwiegen; aber niemals tritt charakterlose Schmeichelei hervor, wenn auch die lobenden Praedikate bei einzelnen Bischöfen auf ein geringeres Mass hätten beschränkt werden dürfen. Es rührt diese verhältnissmässig grosse Unparteilichkeit wohl daher, dass stets die Lebensbeschreibungen nach dem Tode des betreffenden Bischofs, wenn auch bald nachher, geschrieben wurden, der Verfasser also nicht mehr Rücksicht zu nehmen hatte auf den, dessen Leben er schrieb. Die verwirrten Verhältnisse unter Ludwig IV. hatten es jedoch unmöglich gemacht, die Leben einer Reihe von Bischöfen einzutragen; das wurde später, wie wir bald sehen werden, in trefflichster Weise nachgeholt. Von den Verfassern sind nur 2 mit Namen bekannt: Thomas, Notar des Bischofs Konrad von Pfeffenhausen (1297—1305) und Leonhard Angermair, Kaplan und Beichtvater Bischof Wilhelms (1464—1496); jedoch dürfen wir auch bei allen andern auf den Bischöfen nahestehende Verfasser schliessen. Sehr häufig scheinen es die Notare gewesen zu sein, welche die Rechnungsbücher zu führen hatten; denn in vielen Viten ist die Finanzgeschichte bis in kleinste Detail ausgeführt, die libri rationum werden geradezu citirt oder auf Urkunden Bezug genommen. Es führt uns das auf eine besonders charakteristische Seite dieser Biographien. Es findet sich nämlich vorwiegend nur die weltliche Seite der Verwaltung des Bisthums berücksichtigt; was Gutserwerbungen, Verkäufe angeht, ist mit

Von diesen Viten, die erst um das Jahr 1356 geschrieben wurden, fallen in den von Heinrich dem Tauben behandelten Zeitraum nur die letzten Jahre Heinrichs und die ganze Regierungszeit Alberts. Die Lebensbeschreibungen beider benutzte Heinrich für den in das Jahr 1344 eingeschobenen Ueberblick, welcher die Eichstätter Geschichte bis in die Zeit Berthold's von Zollern behandelt. Es möge genügen, einige Sätze zur Vergleichung heranzuziehen.

Liber pontificalis.	Henricus de Rebd. p. 524.
Anno domini MCCCL primo Clemens papa VI. asserens, Ecclesiam Eystetensem, sicut et alias cathedrales sue et provisioni apostolice sedis longe ante electionem et confirmationem de ipso Alberto	Quibus elapsis Dominus papa Clemens sextus asserens se reservasse eandem ecclesiam sue provisioni tempore Heinrici episcopi antedicti, de ipsa providet domino Berchtoldo fratri domini Jo-

---

minutiöser Genauigkeit meist angegeben, weniger ist Rücksicht genommen auf kriegerische Ereignisse — wie überhaupt für die allgemeine Reichsgeschichte nur hie und da Nutzen aus dem liber pontificalis gezogen werden kann —, fast ganz vernachlässigt ist aber die geistige Seite des Bisthums: auch diese zu behandeln, dafür finden sich nur bei einzelnen Leben Ansätze. So kommt es, dass z. B. in dem Leben Bischofs Berthold von Zollern (1351 bis 1365) von seiner Thätigkeit als Kanzler Karls IV. nur wenig die Rede ist, diese seine Stellung geradezu bedauert wird, seiner trefflichen Constitutio Bertholdiana gar nicht gedacht wird, um so detaillirter aber die Angaben über Erwerbungen und besonders die Aufzählung seines grossartigen Silberschatzes sind. Alle Mängel in Betracht gezogen, bleibt doch bestehen, dass in Eichstätt die Geschichtsschreibung auch in den Zeiten der schlimmsten Entartung sich auf einer hohen Stufe erhalten; um so mehr ist es zu bedauern, dass sie bisher abgesehen von Eichstätter Lokalforschern fast unbekannt geblieben ist.

factos reservasse, de ipsa tamquam vacante per obitum Heinrici episcopi ultimi suprascripti, Venerabili Patri domino Bertholdo Burggravio de Nuernberg, professo ordinis militie fratrum domus theutunice providit.... Demum eodem anno ad partes veniens, tractante et procurante spectabili et prudenti viro domino Johanne Burggravio, fratre ejusdem domini Bertholdi, admisit eundem Bertholdum ad ecclesiam Eystettensem in *Spiritualibus*, et ipse in temporalibus procurator remansit generalis et sic dominus Bertholdus de mense Octobris receptus a clero et populo pro Episcopo....

hannis burcgravii in Nurenberg et domini Friderici burcgravii episcopi provisi Ratisponensis infrax scripti; qui quidem Berchtoldus professus fuit ante ordinem militarem fratrum domus Teutonice.

Quem venientem a sede apostolica anno domini MCCCLI in mense octobri predictus Albertus intervenientibus amicabilibus tractatibus, timens potentiam predictorum burggraviorum, ad ecclesiam admisit et consensit, ut idem Berchtoldus a clero et papa (populo?) tanquam episcopus recipiatur. Et nichilominus — — provisionem annuam. Ipse autem Albertus de Hochenfels remansit gubernator in *spiritualibus* et temporalibus...

Auch benutzte Heinrich das Kalendarium, in dem von gleichzeitiger Hand geschrieben steht: 1349. 19 Kal. Febr. obiit domnus Heinricus dictus Malso, qui legavit 400 libras pro constructione novi chori, während es bei Heinrich p. 524 heisst: Anno domini

MCCCXIVIIII in die beati Felicis in Pincis Heinricus Malso presbyter et quondam vicarius in eadem ecclesia obiit; qui legavit pro constructione chori novi eiusdem ecclesie quadringentas libras Hallenses et alia multa bona remedia fecit.

Michael Judde von Löwen (Michael ¦Herbipolensis).

Die Notizensammlungen des Würzburger Kanonicus Michael Judde von Löwen [172]) scheinen ebenfalls von Heinrich dem Tauben benutzt worden zu sein, wenngleich eine wörtliche Uebereinstimmung sich nicht nachweisen lässt, beide auch in nicht unerheblichen Punkten sich widersprechen, Vergleichen wir aber z. B. die Berichte über die Wahl Günthers:

Mich. Herbipolensis p. 477.	Henr. de Rebd. p. 534.
Anno domini 1349 idus februarii ... ab Heinrico de Virnburg, ut archiepiscopo Moguntino ... Ludwico filio Ludwici imperatoris ... Rudolfo et Ruperto germanis comitibus Palatinis ducibus Bavarie, necnon (der Name fehlt) duce Saxonie Guntherus... est electus.	... anno domini 1349 de mense februarii Guntherus ... per ... Heinricum depositum archiepiscopum Moguntinum, Ludewicum marchionem Brandenburgensem, Rudolfum et Rupertum fratres duces Bawarie et comites Palatinos Rheni, necnon quendam ducem Saxonie, patruelem Rudolfi prenominati ducis Saxonie, in regem Romanorum in Frankenfurt eligitur.

Beide Berichte weichen in zwei Punkten von der Wirklichkeit ab, indem sie einmal die Wahl, welche am

---

172) Vgl. O. Lorenz a. a. O. I, 128 flgde. Die Ausgabe bei Böhmer: Fontes I, 451—479 nebst Einleitung p. XXXIV—XXXVI.

30. Januar stattfand, in den Februar verlegen, und zweitens, indem beiden der Name des Sachsenherzogs unbekannt ist und beide ihn am Wahlakt theilnehmen lassen, während in Wirklichkeit die beiden Sachsenherzöge Erich der ältere und der jüngere gar nicht in Frankfurt anwesend waren, sondern dem Markgrafen Ludwig von Brandenburg Vollmacht gegeben hatten [173]).

Bericht des Ritters Johann von Schönfeld.

Die Stelle des ‚Heinrich von Rebdorf', welche über die Schlacht von Crecy berichtet [174]), ist zum grösseren Theile dem Briefe entnommen, den der Ritter Johann von Schönfeld an den Bischof Godfrid von Passau d. d. Brügge 12. September 1346 richtet [175]). Johann Schönfelder hatte nämlich in dieser Schlacht auf Seiten der Engländer mitgekämpft, war an der rechten Seite des Gesichtes durch einen Pfeil schwer verwundet worden und berichtet nun von Brügge aus in kurzen Sätzen, denen man die Hast des Schreibers ansieht, den Verlauf der Schlacht. In einer schedula, die dem Briefe eingelegt war, gibt er ein genaues Verzeichniss der in der Schlacht auf französischer Seite gefallenen Könige, Bischöfe und Grafen. Dieser Brief, nicht allein die angehängte Zeitung fand weitere Verbreitung. Wir finden ihn beim Anonymus Leobiensis in verarbeiteter Form, [176]) in der Continuatio Claustroneo-

---

173) Vgl. ausserdem den Zug Karls nach Bayern (bei H. v. R. p. 532, bei Mich. Herb. p. 473), die Wahl Karls IV. (bei H. v. R. 528, bei M. H. 470, der durch Hinzufügung von Titeln, Redensarten eine viel breitere, inhaltlich aber gleiche Erzählung gibt.) — 174) p. 529. — 175) Zuerst theilweise gedruckt als Anhang zum Anonymus Leobiensis bei Pez: SS. rer. Austr. I (nicht II), 697; dann aus der Wiener Handschrift: Salisb. 416. saec. XV bei: Böhmer — Ficker: Acta imperii adhuc inedita. Nro. 1055. — 176) Es ist kein blosser Abdruck der angehängten Zeitung, wie Ficker meint, sondern eine Ueberarbeitung des ganzen Briefes durch den Schönfelder selbst.

burgensis septima, [177]) auch Heinrich dem Tauben hat er vorgelegen, der zwar den Verlauf der Schlacht, den Ort derselben (iuxta civitatem Amang, wohl gleich Amiens), die eine (falsche) Zeitangabe (tertia die que fuit Mercurii) und die Folgen derselben aus anderer Quelle erfahren hat; das Verzeichniss der gefallenen Grossen, die Zahl der getödteten Krieger, sowie einiges andere hat auch er dem Briefe entnommen, und zwar stehen bei ihm die Namen in besserer Form, als in der Abschrift des Briefes, die Ficker benutzte, so dass sich aus ihm manche Verbesserungen entnehmen lassen. [178]) Auch lässt sich eine Lücke des Briefes ausfüllen; es heisst im Briefe nämlich: ‚item XIII comites, item XV. C. inter barones, milites et nobiles, et XVI . . . . . Et dominus u. s. w.' Da nach Heinrich von Rebdorf 15,000 gefallen sind, so muss es wohl heissen: ‚XVI (XV?) M. inter armatos.'

Inschrift am Siechenhause vor Eichstätt.

In der Eichstätter Siechenhausstiftung findet sich

---

177) M. G. SS. IX, 756. — 178) Comes de Tzalme bei Ficker. Salmen bei H. v. R., comes de Boloys — Bloys, comes de Monbulliaerd — Montbeliard, u. s. w. Unerklärlich sind mir die Bischofsnamen: archiepiscopus de Cheyns in Burgundia. Bei H. v. R. heisst er: archiepiscopus Caremanensis vulgariter dictus de Cheins in Burgundia und ist Bruder des comes de Namen. Ficker dachte an Rheims, allein der E. B. von Rheims, Jean de Vienne, starb erst 1351; überhaupt wurde in Frankreich in diesem Jahre nur ein Erzbisthum erledigt, nämlich Narbonne. Der andere Bischof heisst ‚episcopus de Noyoen qui dicitur Nordimanu', bei H. v. R. ‚episcopus Novionensis suffraganeus Remensis archiepiscopi'. Der Bischof von Noyon (Noviomagum), Bernardin le Brun, sass von 1342—1348 auf dem bischöflichen Stuhle. In dem Briefe des Schönfelders sind überhaupt die Uebertreibungen nicht zu verkennen; es klingt fast naiv, wenn er den Bischof glauben machen will, es seien 16,000 Franzosen gefallen, auf englischer Seite aber nur einer. („Et dominus rex Anglie — non perdidit nisi unum solum militem'), während er doch selbst kaum dem Geschick des ‚Einen' entronnen war.

folgende Inschrift: ‚Anno MCCCXLVI. IIII Cal. Augusti obiit frater Henricus, filius Gutae, fundator domus Leprosorum extra muros Eystettenses, vir sanctae vitae et memoriae recolendae.' [179]) Damit stimmt fast wörtlich Heinrich der Taube überein [180]). ‚Eodem anno (1346) et secundo Kal. Augusti obiit frater Heinricus filius Geute fundator domus leprosorum extra muros Eistetenses, vir sancte vite et memorie recolende. in eadem domo sepultus.' [181])

Die Fürstenfelder Annalen.

M. Mayr [182]) hat eine Stelle bei Aventin, [183]) welche von den Kämpfen um Esslingen im Jahre 1316 handelt, auf die Fürstenfelder Annalen zurückgeführt. Es wird an dieser Stelle von der edlen That des Gumppenberger berichtet, welcher seinem verwundeten und gefangenen Feinde Heinrich Schwinkreist selbst sein Ross gab, damit er der Wuth der Genossen des Gumppenberges entgehe, unter der Bedingung, dass er, falls er gesunde, sich wieder einstellen solle. Was er denn auch that. Diese Erzählung — ein Gegenstück zu dem edlen Handeln Ludwigs des Bayern und Friedrichs des Schönen — fand so sehr Heinrich des Tauben Beifall, dass er sie, wiewohl sie ja gar nicht in die von ihm behandelte Zeit fällt, aufnimmt und mit Wärme erzählt; er verlegt aber das Geschichtchen nach Ulm [184])

Corpus iuris canonici und päpstliche Constitutionen.

In den späteren Eintragungen in den ersten Theil, welche wir wohl Heinrich dem Tauben zuzuschreiben

---

179) Vgl. Sax. a. a. O. p. 498. — 180) p. 528. — 181) Die Auffassung von Sax, als sei die Stiftung erst im Jahre 1400 zur Ausführung gelangt, wird durch die Inschrift, wie durch H. v. R. widerlegt. Die auf 1400 gehende Inschrift wird man wohl auf einen Neubau beziehen müssen. Sax p. 132. — 182) A. a. O. p. 117. — 183) A. a. O. p. 600. — 184) p. 527.

haben, [185]) werden mehrfach die päpstlichen Constitutionen citirt und abgesehen von den oben angeführten Theilen des corpus iuris canonici [186]) das decretum Gratiani (mit einer Glosse). [187]) Auch eine Glosse der Clementinen ist citirt. [188]) Diese Anführungen dienen mehrfach nur dazu, ein seltener vorkommendes Wort durch Parallelstellen zu belegen. [189])

Der zweite Theil der Chronik kann schon deshalb nicht mehr so viel Citate aus dem corpus iuris enthalten, weil die Zeit der kirchlichen Gesetzgebung vorüber war. Heinrich der Taube kann daher meist nur ältere Gesetze und Constitutionen zur Beurtheilung eines Falles anführen. Jedoch werden von gleichzeitigen Dekreten angezogen die Jubiläumsbulle Clemens VI. [190]) und die Constitution Innocenz VI. über die Taxen bei der kirchlichen Visitation. [191]) Sonst sind im zweiten Theil nur die Clementinen citirt. Die Citate sind aber nicht immer richtig, eins blieb mir unverständlich, bezieht sich aber wohl auf das decretum Gratiani. [192])

Sermo Clementis VI. Heinrich der Taube erwähnt eine Rede des Papstes Clemens VI. über das Jubel-

---

185) Vgl. oben p. 41. — 186) Vgl. p. 57. — 187) Vgl. z. B. p. 510: ‚Quod sit officium Palatinae dignitatis vide XXXII. V. C. *praeceptum Dominus* in additione. S. die Stelle im D. G. causa XXXXII (nicht XXXII) cap. 21: ‚Communione privetur qui extra causam fornicationis uxorem suam dimittit . . . . et a palatinae dignitatis officio separabunt'. Welche Glosse gemeint ist, konnte ich nicht bestimmen. — 188) p. 509 ist hinzugefügt (fehlt aber bei Böhmer): vide quod tunc huius prioritatem sedium not. in Clement. De regularib. c. *Ut professores* in Gl. ad verbum inibi circa medium. — 189) z. B. cataracte p. 523. ‚Nosco primogenitum Satane' p. 551. — 190) p. 528, jetzt c. *Unigenitus dei* 2 de poenitentibus V. 9 in Extrav. comm. — 191) p. 566, jetzt c. *Vas electionis* 1 de censibus III. 10. in Extrav. comm. — 192) p. 528. de quo pe dicitur II. q. oppo. etiam an fi.

jahr, in der er sich als 203. oder 206. Papst bezeichne [192]) Rationale Guillelmi. Auch wird das Rationale Guillelmi citirt [193]), worunter nur das Rationale divinorum officiorum von Guil. Durantus verstanden werden kann. Novum passionale. Bei der Aufzählung der Kaiserinsignien heisst es: „Cui bene concordat quod in novo passionali legitur de corona spinea domini nostri Jesu Christi. Et habes de hoc supra u. s. w.?" Es ist damit wohl die aurea catena des Jacobus a Voragine gemeint.

Gewährsmänner.

Auch im zweiten Theil werden keine Gewährsmänner bei Namen angeführt. Gleichwohl dürfen wir glauben, dass für Heinrich den Tauben Gelegenheit genug vorhanden war, Mancherlei in Erfahrung zu bringen. Wenn auch Eichstätt in der deutschen Geschichte niemals eine hervorragende Rolle gespielt hat, so stand doch gerade in jenen Tagen an der Spitze des Bisthums ein Mann, welcher sich mit Vorliebe mit den Reichsangelegenheiten befasste, häufig an Karls IV. Hofe erschien [194]) und schlieslich sogar dessen Kanzler ward. Und dieses Bischofs — es war Berthold Burggraf von Nuernberg — Beichtvater war gerade unser Heinrich der Taube. Von selbst brachte ihn diese Stellung in mancherlei Verbindungen; auf grösseren Reisen mag er auch wohl seinen Bischof begleitet haben; kurz, wenn einer im Bisthum Eichstätt im Stande war, Geschichte zu schreiben, so war er es; besser, wie er, konnte keiner die Ereignisse im Deutschen Reiche in Erfahrung bringen. Italienische Nachrichten mag er selbst von seiner Pilgerfahrt im Jahre 1350 mitgebracht haben; 1351 ward Bischof Berthold in Avignon geweiht, von dessen Begleitern oder auch von dem selbst er Manches

---

192) p. 558. — 193) p. 558. — 194) Vgl. Böhmer-Huber: Regesten Karls IV.

gehört haben kann. Einen interessanten Einblick in den Verkehr deutscher Bisthümer mit der päpstlichen Curie gewähren die Gesandtschaftsberichte im Conceptbuche des Rudolf Losse. [195]) Solche Gesandtschaften mögen auch zu Zeiten von Eichstätt nach Avignon gegangen sein, und deren Berichte Heinrich dem Tauben vorgelegen haben. Andere Nachrichten scheinen sich auf weniger zuverlässige Quellen zu stützen, wie wenigstens die häufig falsche Datirung schliessen lässt. Die Erzählung des Aufstandes in Pisa gegen Karl IV. verräth durch die Leidenschaftlichkeit der Sprache [196]) und die fast dramatische Lebhaftigkeit [197]) einen Augenzeugen, den wir wohl unter der Begleitung des Bischofs Markward von Augsburg suchen dürften, da dessen Handeln dabei besonders hervorgehoben wird [198]) und auch die weiteren Geschicke dieses Mannes verfolgt werden. [199])

Stälin glaubte auch in Heinrich von Diessenhoven eine Quelle Heinrichs von Rebdorf finden zu müssen, [200]) und in gleicher Weise nimmt O. Lorenz eine Benutzung des Johann von Viktring an. [201])

3. ‚Heinrich von Rebdorf‘ und Johann von Viktring.

Lorenz glaubt, dass ‚Heinrich von Rebdorf‘ wenigstens einige Bücher des Johann von Viktring gekannt und

---

195) Böhmer-Ficker: Acta imperii R. 1045. 1046. — 196) p. 541, 542. Er nennt die Familie der Gambacorti: quedam progenies. — 197) . . . . . ‚clam volens redire ad Alamanniam. Non potuit. Sed . . . . Marquardus primo erecto vexillo inimicos audacter invadit et pugnat cum eis . . . .‘ — 198) In derselben Weise wie hier der Augsburger Bischof tritt in der Erzählung Heinrichs von Diessenhoven der Comthur der Deutschritter, Rudolf von Hohenburg, hervor. Ueber den Brief desselben, den Heinrich von Diessenhoven benutzte, vgl. Lorenz a. a. O. I, 75 n. 2. — 199) A. a. 1356 p. 543 und a. a. 1357 p. 544. — 200) Wirtembergische Geschichte. Band III, 6. — 201) A. a. O. I, 123. Anm 2 und 216, 217.

benutzt habe, und zwar nimmt er einen Verkehr Viktrings mit Rebdorf durch Vermittlung Bambergs an, das in Kärnthen reich begütert war. Die Annahme einer gemeinschaftlichen Quelle für beide, wie man aus manchen gleichlautenden Stellen folgern könnte, ist ihm weniger wahrscheinlich. Ich kann Lorenz in diesem Punkte nicht beipflichten. Einige Aehnlichkeit verrathen allein wenige, auf die Papstgeschichte bezügliche Stellen; allein auch bei diesen ist es höchst unwahrscheinlich, dass die Vermuthung von Lorenz zutreffe. Auch schon deshalb ist eine Benutzung des liber certarum historiarum nicht gut möglich, weil der Entwurf desselben erst 1341 verfasst und die erste Umarbeitung im folgenden Jahre erfolgte, [202]) der erste Theil der Chronik des Heinrich von Rebdorf aber schon 1347, vielleicht schon 1343/44 geschrieben wurde. Den Verkehr zwischen Bamberg und Rebdorf (resp. Eichstätt), den Lorenz annimmt, möchte ich jedoch nicht leugnen; denn einmal ist es gewiss auffällig, dass es bei dem Erdbeben von Villach heisst: ‚ex quo oppidum quoddam dictum Villach, et quedam castra spectantia ad Ecclesiam Babenbergensem sita inter Alpes funditus sunt subversa‘; [203]) dann werden aber auch öfters ganz unbedeutende Ereignisse erwähnt, welche in der Bamberger Diöcese sich zugetragen haben. [204]) Ob hier nur mündliche Mittheilungen oder eine Bamberger Geschichtsquelle benutzt ist, wage ich nicht zu entscheiden.

‚Heinrich von Rebdorf‘ und Heinrich von Diessenhoven.

Nicht anders steht es mit der von Stälin vermutheten Benutzung des Heinrich von Diessenhoven. Auch hier ist die Vermuthung einer Benutzung durch die Zeit der

---
202) Vgl. A. Fournier: Abt Johann v. Viktring. Berl. 1875. p. 33, 34 und 66, 67. — 203) p. 532. — 204) Vgl. besonders die fabelhafte Erzählung über die Gemahlin des Egloffstoiners p. 532 und die Geisslerfahrt p. 561.

Abfassung schon ziemlich unwahrscheinlich gemacht. Wenn nämlich Heinrich der Taube, der 1362/63 schrieb, schon das Werk Heinrichs von Diessenhoven, das 1361 vollendet wurde, [205]) hätte benutzen können, so müsste dasselbe schnell verbreitet sein, was aber sehr unwahrscheinlich ist, da überhaupt nur eine einzige Handschrift erhalten ist. Eher könnten die beiden Lebensbeschreibungen Johannes XXII. und Benedikts XII., welche nach Simonsfeld [206]) noch in Avignon geschrieben und von dort nach Italien verbreitet wurden, benutzt sein; allein auch hier finde ich keine Verwandtschaft.

VII.
Werth der selbständigen Nachrichten.

1. Der des ersten Theiles.

Das Augenmerk des Verfassers des ersten Theiles ist zunächst auf die Geschicke der Kaiser und Päpste gerichtet, in zweiter Linie wird die Geschichte der bayrischen und österreichischer Herzöge berücksichtigt. Wie natürlich, sind die zeitlich mehr zurückliegenden Ereignisse ungenauer. Es würde aber zu weit führen, alle einzelnen Angaben genau kritisch zu prüfen; einige Beispiele mögen genügen, den Werth der Chronik zu charakterisiren. Sehr häufig finden sich unrichtige Datirungen. So ist das Datum der Wahl Ludwigs (und der Ort der Friedrichs) unrichtig [207]); Johann wurde nicht erst nach dem Tode seines Vaters Herr von Böhmen [208]) u. a. m. Die ausführliche

---

205) Vgl. Lorenz. a. a. O. p. 73 ff. Böhmer: fontes IV, XI—XX. — 206) Simonsfeld: „Zur Chronik Heinrichs von Diessenhoven" in den Forschungen z. d. G., XVIII, 299 ff. — 207) p. 512. — 208) p. 511.

Darstellung des Römerzuges Ludwigs ist im Grossen und Ganzen zuverlässig, und das gilt auch vom Folgenden, wiewohl auch hier noch Unrichtigkeiten unterlaufen. Was die Geschichte der Päpste anbetrifft, so verdient dieselbe in ihren älteren Theilen wenig Vertrauen, soweit sich nicht die Quellen nachweisen lassen. Abgesehen von dem, was vielleicht aus den historischen Angaben der päpstlichen Constitutionen geschlossen sein kann, findet man die regelmässige Angabe des Wahljahres und der Regierungszeit, in denen sich aber viele Irrthümer finden [209]. Was ausser diesen beiden Elementen sich findet, ist stark durch die Sage beeinflusst, so ist das Leben Coelestin V. völlig sagenhaft. Die Erzählung, wie er durch List zur Abdankung bewogen wurde, findet sich freilich auch sonst [210]; aus der Cardinalsernennung des Erzbischofs von Benevent ist eine beschimpfende Anekdote geworden [211]. Auch der Erzählung der Gefangennahme Bonifaz VIII. sieht man das Sagenhafte an und die vielfach citirte Anrede an Sciarra Colonna: „Nosco primogenitum Satane' dürfte ebenfalls in das Reich der Fabeln zu verweisen sein. Erst die Erzählung des Römerzuges Ludwigs bietet einen zuverlässigen Inhalt, wenn auch selbst noch von hier an nicht Alles auf voller Wahrheit beruhen mag [212].

---

209) Coelestin V. sass nur 6 Monate auf dem päpstlichen Stuhle (nicht ungefähr ein Jahr); Benedikt XI. 9 Monate (nicht ungefähr 2 Jahre); Clemens V. wurde 1305 gewählt (nicht 1306) und regierte 9 Jahre (nicht 7). — 210) z. B. bei Heinrich von Herford ed. Potthast p. 215; die Anrede heisst dort: ‚Celestine, Celestine, nisi papatui renuntiaveris, animam tuam salvare non poteris'. — 211) Vgl. Rainald 1294 §. 17. — 212) z. B. die merkwürdige Erzählung vom Adler bei der Unterwerfung Nik. V. p. 556. Ueberaus werthvoll sind einige Angaben der Kaisergeschichte. So ist Heinrich von Rebdorf der einzige, welcher von der Sendung des Hospitalitenpriors von Toulouse Nachricht gibt. Eine Urkunde bei Ennen: Quellen zur Geschichte der Stadt Köln IV, 169 bestätigt die Anwesenheit

2. Der des zweiten Theiles.

Auch die Pabstgeschichte in der Chronik Heinrichs des Tauben leidet in ihren älteren Theilen an manchen Mängeln. Der Wahltag Clemens VI. ist z. B. nicht richtig angeben [213]), ebenso der Innocenz VI. [214]). Das Jubiläum ist erst 1349 angekündigt [215]), einige Angaben in dem Excurse über Cola di Rienzo sind unrichtig [216]). u. s. w. Die späteren Jahrgänge sind zuverlässiger und enthalten manche Nachricht, welche wir nur hier finden. Heinrich der Taube benutzte, wie wir gesehen haben, für die Kaisergeschichte nur wenige schriftliche Mittheilungen; das Meiste beruht auf mündlichen Nachrichten; wir haben schon oben gesehen, dass er reichlich Gelegenheit hatte, auch von zuverlässigeren Zeugen Kunde über Vorgänge im Reiche zu erwerben. Gleichwohl theilt er mit fast allen mittelalterlichen Geschichtsschreibern den Mangel, dass sie zu wenig auf den ursächlichen Zusammenhang zwischen den Ereignissen geben.

Auch ist die Darstellung selbst nicht frei von Irrthümern [217]), besonders häufig findet sich eine ungenaue oder falsche Datirung [218]). Das Interesse Heinrichs des

---

des Priors p. 516. Auch die Nachricht von der Gesandtschaft der Grafen von Hals und Oettingen findet sich nur hier. p. 519. — 213) p. 558. — 214) p. 563. — 215) p. 558. — 216) p. 559.

217) Die Erzählung des Kampfes des Kaisers mit den Grafen von Wirtemberg im Jahre 1360 p. 546. ist insofern unrichtig, als nicht Herzog Rudolf von Oesterreich zuerst mit dem Kaiser verhandelte, sondern die Grafen von Wirtemberg. Vgl. Stälin. a. a. O. III, 270 ff. Die Uebergabe der Reichsinsignien fand nicht in Nürnberg, sondern schon in München Statt, auch holte Karl IV. sie nicht von dort ab. Vgl. Böhmer-Huber; Regesten Karls IV, 1245 und 1248 u. a. m. — 218) Falsch datirt ist z. B. der Streit vor Lüttich (de mense Augusti statt 19. Juli p. 528), die

Tauben wendet sich vorwiegend, schon bei Lebzeiten Ludwigs des Bayern, Karl IV. zu, über dessen Thaten wir einen recht guten Ueberblick erhalten; dann werden die Kriege, Fehden, Verträge der Wittelsbacher, selbst der in Brandenburg und Holland, berichtet; auch die österreichischen Herzöge werden oft erwähnt; dahingegen wird das nördliche Deutschland, soweit es nicht unter wittelsbachischer Herrschaft stand, vollständig unberücksichtigt gelassen. Der Verfasser zeigt sich mit den italienischen Verhältnissen, die er während seiner Studienjahre und auf seiner Pilgerfahrt nach Rom (1350) kennen gelernt hatte, vertraut; die Kämpfe zwischen Frankreich und England werden verfolgt und auch in Avignon ist er bekannt. Die Darstellung ist breiter und eingehender, als sie das im ersten Theile war; und es ist wohl keine Frage, dass der zweite Theil, vorzüglich die ersten Jahrgänge desselben, das Beste der ganzen Chronik ist. Wenn auch meistens andere, zum Theil auch bessere Quellen dasselbe berichten, wie Heinrich der Taube, und dieser also jene nur bestätigt, so findet sich bei ihm doch auch Manches, was wir nur von ihm erfahren [219]. Und als ganz besonderer Vorzug beider Theile muss es gelten, dass wir sicher sind, eine von Parteileidenschaft ungetrübte Darstellung zu finden, trotz der oft scharfen Urtheile ist die Objektivität gewahrt. Ein Anflug von tieferer Geschichtsauffassung, wie bei Dietrich von

---

Krönung Karls in Bonn fand nicht auf Katharinentag (25. Nov.), sondern am folgenden Tage Statt p. 530; die Vermählung Karls IV. ist irrig auf den 1. statt auf den 4. März gesetzt p. 535; der Bischof Markward von Augsburg ward nicht am 14., sondern am 13. November gefangen genommen p. 543 u. s. w. — 219) So verdanken wir ihm eine treffliche, klare Darstellung der Geschichte Günthers von Schwarzburg und der Ereignisse vor Eltville 1349. p. 534—36; die Krankheit Karls IV. im Jahre 1350 findet sich genau nur hier erwähnt, wenn auch übertrieben. (Et hec infirmitas durat per annum.), da er schon nach 14 Tagen wieder urkundet.

Niem, oder eine feinere Durchbildung der Darstellung, wie bei Johann von Viktring, dürfen wir freilich weder von Heinrich dem Tauben, noch vom Verfasser des ersten Theiles erwarten. Es ist eine dürre Notizensammlung, in der die Subjektivität des Verfassers nur selten zu Tage tritt. Schlüsse auf den Charakter der Verfasser, wie sie bei den beiden eben genannten Meistern mittelalterlicher Geschichtsschreibung berechtigt sind, können wir hier nicht machen.

Beilage 1.

Die Reihe der Rebdorfer Pröpste.

Die folgende Reihe der Rebdorfer Pröpste beruht auf den zuverlässigen Angaben von Strauss, welchem sicher das Rebdorfer Nekrologium, vermuthlich aber auch andere hist. Aufzeichnungen zu Gebote standen, und auf den Excerpten aus Urkunden des Münchener Reichsarchives [220]). Der erste Abt des im Jahre 1153 durch Beatrix, die Gemahlin Friedrich I., gegründeten Augustinerchorherrnstiftes Rebdorf, dessen Name überliefert, ist Konrad, welcher nach Strauss am 23. October 1239 starb. — Sein Nachfolger, Hermann von Huttingen, starb 1243 (Strauss). — Der Probst Walchun (Strauss liest falsch Walthun) erscheint als Zeuge in einer Urkunde vom 28. August 1278. — Albert tritt zuerst auf den 13. November 1283, zuletzt den 1. October 1299. — Chunrad erscheint zuerst in einer nicht näher datirten Urkunde von 1304, zuletzt finden wir ihn am St. Kunigundentag — 3. März — 1309. — Heinrich wird zuerst in einer Urkunde vom 30. März 1310, zuletzt am 7. Juli 1317 erwähnt. — Die zahlreichen Urkunden des folgenden Propstes, Paris von Murr, fallen in die Jahre 1319 (12. März) — 1335. Nach der Grabschrift im Kapitelzimmer zu Rebdorf wurde er begraben am 11. März 1336; dieselbe lautet: „Anno † Domini † MCCCXXXVI † Obiit † Paris † Prepositus † In vigilia † Sancti † Gregori † Sepultus (Strauss). — Chunrad von Hausen, der schon am 25. Januar 1337 urkundet, nach dem 11. März 1358 aber verschwindet,

---

220) Vergl. Strauss in Hirsching's Denkwürdigkeiten p. 295 ff. Herr Martin Mayr in München stellte mir seine Excerpte aus den im dortigen Reichsarchive befindlichen Rebdorfer Urkunden zur Verfügung, ebenso seine aus ihnen gezogene Propstreihe, welche ich nur mit den Stauss'schen Angaben verband.

folgte ihm. — Udalrich von Egersdorf erscheint nicht in Urkunden, nach Strauss bekleidete er kurze Zeit die Propstwürde, resignirte aber alsdann, um die Pfarre Treichtling zu übernehmen. — Vom folgenden Propst Peter (nach Strauss: von Vestenberg) ist nur eine Urkunde erhalten vom 1. Juni 1363; nach Strauss starb er am 14. Dezember desselben Jahres. — Sein Nachfolger, Hiltprant von Kresberg, ist nachzuweisen vom 29. September 1367 bis zum 11. November 1377, nach Strauss starb er im folgenden Jahre. — Heinrich von Vestenberg findet sich zuerst genannt 29. Juni 1381, zuletzt 1387, starb aber nach Strauss erst am 23. September 1395. — Friedrich von Torzbach regierte von da bis 1419. Die folgenden Pröpste siehe bei Strauss p. 294. — Ich füge hier ein Verzeichniss der im 14. Jahrhundert in Rebdorf lebenden ‚Heinrich' bei, soweit sie in Urkunden vorkommen: Zunächst die beiden Pröpste Heinrich (1310—17) und Heinrich von Vestenberg (1381—95). Der in einer Urkunde von 1278 angeführte canonicus H. de Wembding, welcher 1307 Heinrich von Wembding sich nennt, ist wohl identisch mit dem Dechanten Heinrich (3. März 1309 und 1. Januar 1316).*Ein anderer Heinrich, zubenannt ‚der Vende' (=Bauer), Koch zu Rebdorf, welcher 1307 all sein Gut der Kirche zu Rebdorf schenkt, gehört zum Gesinde, wie ‚Heinrich des Brobstes Knecht von Rebdorf', der 1315 als Zeuge auftritt. Ein Rebdorfer Chorherr Heinrich, der Peizerin Bruder, erscheint 1307 als Zeuge, ein anderer, Heinrich der Minner, 1315 und 1326.

Beilage 2.

Das Statutenbuch des St. Willibaldchores in Eichstätt nebst einigen Nachträgen zu S. 41 ff.

Während des Druckes erhielt ich vom Hochw. Bischöflichen Ordinariat zu Eichstätt zur Benutzung das zum Archive desselben gehörige ‚Statutenbuch des St. Willibaldchores', aus welchem ich die aus derselben Quelle geschöpften Angaben auf p. 41 ff. ergänzen, andere, unrichtige, welche ich aus Sax: Gesch. d. B. Eichst. übernommen hatte, verbessern kann.

Das Statutenbuch, eine Pergamenthandschrift in gr. 4°., besteht aus 44 Blättern, von denen jedoch 4 völlig unbeschrieben sind, und umfasst 3 Theile.

I. Das eigentliche Statutenbuch, bestehend aus 9 Blättern. Fol. I. enthält den Inhalt der ganzen Handschrift, Fol. II. die Eidesformel bei Antritt der neuen Canoniker und eine Art von Statuten, — eigentliche Statuten hatte das St. Willibaldschor nicht — welche das Gewohnheitsrecht und ebenso die durch Gewohnheit entstandenen Pflichten der Chorherren angeben. Auf Fol. III. ff. folgen die Stiftungs- resp. Bestätigungs-Urkunden der 9 Praebenden, soweit sie noch erhalten waren. Sämmtliche Präbenden waren bischöfl. Collation [221]) mit Ausnahme der neunten, bei der das Präsentationsrecht dem jedesmaligen Befehlshaber der Willibaldsburg (praefectus castri nostri montis S. Willibaldi) zustand. Die beiden ersten Praebenden wurden durch Bischof Hiltprand von Moerrn 1276 errichtet; die dritte und vierte nach einer Angabe ‚in

---

221) Dahin ist p. 42 zu berichtigen. Ich finde im Statutenbuche auch nirgends, dass stets 2 der Canoniker der Rechte kundig sein mussten.

antiquo fundationum chori libello f. 41' um 1297 durch Bischof Reimboto von Mylenhart. Die fünfte Praebende stiftete ein Kaplan des Willibaldchores selbst, ‚Werner dictus Pingwis de Ingolstadt', als Vikarie des Chores im Jahre 1332 (nach dem Nekrolog. 29. November starb er schon 1322); später wurde auch sie unter die Kaplaneien des Willibaldchores aufgenommen mit Rücksicht auf das Ansehen des Besitzers derselben, Albertus dictus Judex. 1348 folgte die Stiftung der 6. Praebende durch Ulrich von Bachstein, genannt Wilbrant (gestorben 24. August 1349) und Mechtilde, seine Gemahlin (gestorben 2. Juni 1351), 1374 die der 7. durch Bischof Rabno von Wilburgstetten, 1402 die der 8. durch Bischof Friedrich von Oettingen, den Abschluss macht die Gründung der neunten durch Willibald Imloch, Chorherrn zu St. Willibald, und Conrad Heymann, Vikar am Dome, den Vollstreckern des Testamentes des Johann Vogt, Canonikus des St. Willibaldchores, welche Bischof Gabriel am 24. April 1508 bestätigte. Die Reihenfolge dieser auf die Gründung der Praebenden bezüglichen Urkunden und Angaben wird durch die oben p. 43 angeführte Urkunde, deren Wortlaut in Beilage 3 folgt, und durch eine andere von 1410 unterbrochen.

II. Den zweiten Theil bildet das Nekrologium von 12 Blättern, dem auf 4 Blättern ein Register über sämmtliche Anniversarien vorhergeht, das im Jahre 1583 Friedrich Staphylus, der Sohn des aus der Reformationsgeschichte bekannten Friedrich Staphylus, anfertigte [222]). Das Nekrologinm selbst ist zwischen 1432 und 37 geschrieben und enthielt ursprünglich nur bei wenigen Namen mehr Augaben, als Vorname, Stand und die Summe, welche gestiftet ist. Da es zur Regelung der Feier der Anniversarien diente, so sind natürlich nur die aufgenommen, welche für sich einen dies anniver-

---

222) Ueber don jüngeren Staphylus vergleiche Suttner: Gesch. d. bischöfl. Seminars in Eichstätt, 1859, p. 40 ff. Ein anderes Repertorium: ‚Anniversariorum libellus collectore Fr. Staphylo‘, aus dem Jahre 1584 ist, wie mir Herr Schlecht mittheilt, ebenfalls erhalten. In ihm heisst es: ‚7. September Ann. Heinrici de Selbach dicti Surdi confratris cum aliis V (nempe fratre eius Wolckmaro ac parentum, Item Hermanni de Geimershaym, Vicario in St. Joanne pleb. ap. S. Walburgam). Im Nekrolog. selbst ist Heinrich am 9. Oktober, Vacmar am 11. October, die Eltern am 11. Juli, Herm. v. Gaymersheim am 28. Mai, Johannes am 27. September. Es scheint also mittlerweile eine Verlegung der Gedenktage stattgefunden zu haben.

sarius stifteten, so dass manche Kapläne des Willibaldchores fehlen, andererseits auch eine grosse Zahl von Bischöfen, Domherrn, Rittern, Clerikern, Bürgern u. s. w. sich eingetragen findet. Der eigentliche Werth des Nekrologium aber beruht auf dem, was Staphylus hinzugefügt hat. Eine Bemerkung am unteren Rande von fol. 3. giebt uns Aufschluss über seine Thätigkeit; dort heisst es: ‚Domini canonici huius Chori, gratitudinis ergo, ob decennalem administrationem Officialatus Chori, et totius Archivi Registrationem ac renovationem, plurimorumque Jurium deperditorum recuperationem, per eundem Staphylum factam . . .', folgt eine Stiftung zum Andenken an Staphylus. Dieser trug nun zu fast allen Jahren das Todesjahr ein, fügte Mittheilungen über ihre Stellung hinzu und giebt ganz genau die von ihnen gemachten Schenkungen an Zehnten, Gerechtigkeiten u. s. w. an. Die Richtigkeit dieser Angaben wird uns dadurch verbürgt, dass er stets die Quelle, woher er dieselbe entnommen, angiebt [223]). Er citirt das Fundationsbuch [2]), das Copiebuch [224]), Decimalbuch, Rottenbuch oder Rotenbuch, Capitularbuch, Officiarium majus (das mindestens schon 1370 vorhanden war), die Legende des h. Willibald, den dritten Theil unseres Statutenbuches, gelegentlich auch Urkunden, und zwar stets genau nach dem Folio oder der Registraturnummer (z. B. E. 13 ist die 13. der aus einem mit E anfangenden Orte, z. B. Eichstätt, einkommenden Zehnten, Gefälle u. s. w.).

Das Todesjahr ist regelmässig, damit es um so stärker auffällt, am Rande ausgeworfen, ebenso die Angabe, der wie vielte Besitzer der wie vielten Pfründe der betr. verstorbene Chorherr war.

Bei dem Gedenktage des Heinrich Taube steht unter der Jahreszahl ‚tertius possessor tertiae praebendae', was, da es in kurzen Zeichen ausgedrückt ist, ich pag. 45 n. 110, nach der mir vorliegenden Copie falsch als Registraturvermerk auslegte. Der zweite Inhaber findet sich unter dem 19. September: ‚Obiit Ludwicus de Rayn sac. confrater, magnus benefactor chori, inceptor libelli fundationum . . . u. s. w.' [4]). Da nun dieser nach dem Vermerk

---

223) Nur bei Angabe der Reihenfolge der Besitzer der 5. und 6. Praebende finde ich Widersprüche. — 224) In dem in Anm. 222 angeführten: ‚anniversariorum libellus' gibt Staphylus ein Verzeichniss der von ihm benutzten Büchern, unter denen an erster Stelle das Fundationsbuch steht, zu dem eine Hand des vorigen Jahrhunderts geschrieben hat: ‚deest'. — 3) Vergl. weiter unten. — 4) Heinrich der Taube hat das Fundationsbuch also nur fortgesetzt. Vergl. p. 45.

daselbst 1335 gestorben ist, so wissen wir damit auch das Jahr, in welchem Heinrich seine Pfründe antrat. Der erste Besitzer derselben, Siegfried (Staphylus verbesserte: Sybotto) von Engelreut (gest, 22. September 1305), schenkte seiner Praebende ein neues Haus und den grösseren Theil der Bibliothek [225]).

III. Der dritte, letzte Theil der Handschrift ist geschrieben im Jahre 1445, 1581 von Staphylus in ähnlicher Weise, wie das Nekrologium, durchgearbeitet, und gibt eine Uebersicht über die Einkünfte des Willibaldchores, und zwar zunächst die der Gesammtheit und dann die der einzelnen Praebenden. Für uns hat wohl nur Interesse das 1360 gestiftete Aniversarium der Eltern Heinrichs. In Betreff desselben heisst es fol. 16':, Obernkesselperg (ausgestrichen). Item bonum in obernkesselperg emptum a Jacobo Rossel Civis Eystn anno MCCCLX, quod nunc colit iure hereditario villicus Conr. Heinrici, qui dat singulis annis in omnem et absque diminutione XI metr. silig. et tantum avene mensurae in Eystet, IIII sh. dn, monete usualis et unum pullum carnisbrivialem' [226]). Von den Angaben auf den Innenseiten des Einbandes interessirt uns nur ein kurzes Bücherverzeichniss, das aber ausser einem ‚passionale de sanctis' nichts Geschichtliches aufweist.

Aus dem Copiebuch, welches aus 179 Blättern besteht, und dessen Einband auf der Innenseite die Jahreszahl 1427 trägt. erhalte ich von Herrn diac. Schlecht 7 Urkunden-Auszüge, in denen Heinrich der Taube erscheint.

1. Eichstätt, 30. Mai 1342. Die iudices curiae schlichten einen Streit über die Erbschaft eines Kanonikers, von der Hermanus de Noerdelingen, Pesoldus scriptor, magister heinricus et perchtoldus de Eyndorff canonici chori praefati sich einen Theil zugewiesen wissen wollen, was geschieht. (Copiebuch fol. LX. b.)

2. Eichstätt, 12. März 1346. Hermann von Nördlingen, Perchtold der Schreiber, Meister Heinrich und Herr Albrecht der Richter, Chorherrn u. Kapläne auf dem S. Willibaldschore, kaufen einen Zehent von dem vorgenannten Hermann v. Nördlingen u. a. ib. (Fol. LXXXII. b.)

3. Eichstätt. 24. April 1355. Conrad genannt der Kicher, Bürger zu Eichstät‘, hat ein Rechtsgeschäft wegen seines Hauses

---

225) Bei dem am 20. Oct gestorb. mag. Heinricus de Weyzzenkirchen steht: ‚Subdiaconus, legavit choro magnam partem librorum antiquae Bibliothecae. C: fundbuch F. 31.' — 226) Im Nekrolog. ist zwar Niderkesselberg (vgl. Anm. 113.) genannt, es ist ja aber auf Fol. 16' hingewiesen und es stimmt ja auch die Jahreszahl.

im Buchthal mit den Bürgern und Chorherrn und lässt den Brief siegeln vom Stadtrichter Konrad und ich vorgenanter Chunrad der Statrichter ze Eysteten durch bete Moister Heinrich und des vorgenanten Conrads .... han gehangen mein Insigel an disen brieff.' (ib. Fol. LXVII, LXVIII a.)

4. Eichstätt, 29. Sept. 1357. Bischof Berthold schlichtet einen Streit zwischen den ‚honorabiles viros dominos magistrum Heinricum et Chunradnm Copponem, Albertum iudicem et reliquos Capellanos Chori sancti Willibaldi seu universitatem eorundem Capellanorum ex una parte et dominum Johannem de Laubingen ejusdem chori etiam Cappellanum parte ex altera', dass letzterer von seinem Hof in Pfünz 34 Pf. Wachs für Messkerzen zum St. Willibaldsaltar zu zahlen habe. (ib. Fol. LXX, LXXI.)

5. Eichstätt, 24. Dez. 1359. Jakob Forchheimer, Priester und Vikar am Dom, bekundet das die Herren: ‚Magister Heinricus, Chunr. Koppo, Johannes de Laugingen, Johannes Dagsteter, Albertus Judex, Ulricus de Onolzbach, Canonici et Cappellani Chori S. Will.' ihm und seinen Nachfolgern geliehen haben ihr kleines, an sein eigenes stossende Haus, genannt im Pützwinkel. (ib. fol. LXII. LXIII. a.)

6. Eichstätt, 12. März 1361. vergleichen sich Conrad auf dem Knoch, Conrad der Huter u. a. Zehntpflichtige des Dorfes Watzenhoven mit Meister Heinrich, Johannes von Laugingen, Johannes dem Tagstetter, Chorherrn und Caplanen auf dem St. W. Ch. in Betr. des Zehnten. (ib. Fol. CLXXVII.)

7. Eichstätt, 4. April 1365. Heinrich der Czeller, Bürger zu Eichstätt, thut Kund, dass ‚mein Herr Maister Heinrich von sand Willibold selig mir geben und geschafft hat für aigen sein halbs Haus do ich yetz innen wonent bin, das gelegen ist zenechst hinter des von westersteten hoff, das wir bayde mit einander umb unser pfenig für ein freyes ledigs aigen gekauft haben. mit sogetaner bescheidenhoit, das ich ....' Er und alle seine Nachfolger verpflichten sich 1 Pfund guter Heller Zins zu zahlen an die Chorherren des W. Ch. (ib. Fol. LXIII, LXIV.)

Beilage 3.

Urkunde vom 29. November 1349.
(Nach der Copie im Statutenbuch des St. Willibaldchores. Fol. 4.)

Copia privilegii super fraternitate Canonicorum chori sti. Willibaldi in eccl. Eystetensi. [‚Originale in fundationum libello folio 49' von jüngerer Hand]. (Am Rande von einer Hand des 17. Jarrhunderts: ‚Constitutio Willibaldinorum super tricesimo tenendo confratri defuncto'.)

Nos Hermannus de Nordlingen, Pertoldus tabellio, magister Heinricus, Conradus Coppo, Conradus scriptor et Albertus dictus iudex, Canonici et capellani chori sancti Willibaldi in ecclesia Eystetensi scire volumus universos praesens scriptum inspecturos, quod nos ad memoriam nostram et non indigne revocantes, quam pia et devota sint christiane religionis suffragia animarum de hac vita decedentium, et quod maxime inter illas personas opera caritatis post hanc transitoriam vitam deficere non debent, quas caritas in cursu praesentis vite colligare debebat; scriptum est enim: ‚Caritas numquam excidet'. Idcirco plena deliberatione et maturo consilio praehabitis in hiis scriptis facimus, statuimus et ordinamus, ut, quemcunque de cetero unum ex nobis de hac vita migrare contingat, alii superstites pro anima defuncti triginta missas pro defunctis in altari chori nostri praedicti a die obitus eiusdem per circulum triginta dierum ad illas duas missas alias consuetas per nos celebrari in eodem choro secundum infra scriptum ordinem teneamur habere, sive praedictus defunctus aliquid de rebus suis leget sive non leget. Et hunc ordinem servavimus in trecesimo praedictarum missarum, dum modo in ecclesia celebrentur divina: quia senior inter nos primo die obitus vel scientie obitus defuncti incipiet missam suam, et sequens in ordine post eum sequenti die similiter secundam missam dicet, et sic de singulis ordine suo. Quia vero praemissus ordo servari non potest propter illos duos ex nobis, qui cantando et legendo secundum antiquam consuetudinem eiusdem chori suas ebdomadas observare tenentur, volumus et ordinamus, ut hii duo ebdomadarii expleta septimana sua in sequenti septimana statim senior incipiens et posterior sequens tot missas sine intervallo suppleant, quot in eorum ebdomada per eos obmisse fuerunt, et hinc alii suum ordinem reassument, et sic secundum praemissum ordinem missas defunctorum sine intervallo dicere promittimus, quousque ab obitu defuncti fuerint triginta dies completi. Praemissa observare promittimus secundum promissum modum bona fide et ad idem observandum successores nostros obligamus, nec aliquem de cetero provisum ad praebendas nostras eiusdem chori ad nostram fraternitatem recipiemus, nisi illud idem sicut et alias nostras libertates, consuetudines et privilegia observare, manu tenere et defendere sua fide promittat, adicientes nichilominus penam, ut, si aliquis ex nobis in praemissis missis dicendis, quas per se vel per alium impeditus dicere poterit, negligens fuerit, post negligentiam huius modi careat portione pertinentiarum suarum in tot pertinentiis, quot missas neglexit. Et hec persone has pertinentias inter se dividant, quae supplent neglentiam ante dictam. Quam ordinationem inter alias consuetudines et observationes nostras conscribi iussimus. Actum anno inc. 1349. In vigilia beati Andree apostoli.

Hermann von Nördlingen war 6. Inhaber der 2. Praeb., — Pertholdus tabellio 6. Inh. d. 1. Pr., im Nekrol. notarius genannt, starb 14. Juni 1357. — Conradus Coppo 6. Inh. d. 4. Pr., gest. 17. April 1370. — Conradus scriptor, wohl identisch mit Conrad Celerarius, gest. 27. Mai 1350, notar zweier Bischöfe. — Albertus dictus iudex, von dem Staphylus im Nekr. zu: ‚Albertus diaconus' hinzufügt:‚n. 13. . dictus Iudex. Officialis curiae Eyst. 2. poss. 5. praeb. et 1. poss. 6. praeb. c: Fundb. f. 46. u. s. w.' dann weiter: ‚Idem Albertus iudex tandem obtinuit 2. praeb. A. 1374. C: Capitularbuch fol. '83'.